数字赋能乡村振兴丛书

数字重塑

乡村社会关系和结构

周兆安◎著

湘潭大学出版社
XIANGTAN UNIVERSITY PRESS

丛书编委会

总 序

纵观世界文明史，人类先后经历了农业革命、工业革命、信息革命。每一次产业技术革命，都给人类生产和生活带来了巨大而深刻的影响。习近平总书记向2021年世界互联网大会乌镇峰会致贺信指出，“数字技术正以新理念、新业态、新模式全面融入人类经济、政治、文化、社会、生态文明建设各领域和全过程，给人类生产生活带来广泛而深刻的影响”。数字时代，以5G、人工智能、大数据、云计算等为代表的新一代数字技术日新月异，创造人类生活新空间，引领社会生产新变革，催生公众消费新业态，拓展国家治理新领域，极大提升了人类认识世界、改造世界的能力，正创造一个万物互联、万物上云、万物兼数的数字世界。为此，数字政府、数字城市、数字乡村建设成为各个国家推进的战略高点，正不断推进，整个社会加速数字化转型。在此背景下，科学回答好数字革命的“时代之问”、数字经济的“发展之问”、数字治理的“变革之问”，是依托数字推动国家经济社会高质量发展的基础和前提。因此，数字乡村既是乡村振兴的发展方向，也是建设网络强国、数字中国、智慧社会的重要内容。

党的十八大以来，以习近平同志为核心的党中央高度重视信息化工作，将网络强国、数字中国、智慧社会建设上升为国家战略，推动互联网、大数据、人工智能和实体经济深度融合，加快推动农业数字化、网络化、智能化。着眼于乡村振兴战略有序推进，国家出台了一系列政策文件，不断完善数字乡村建设政策支持体系。2018 年，中央一号文件《中共中央、国务院关于实施乡村振兴战略的意见》明确提出“实施数字乡村战略”。《乡村振兴战略规划（2018—2022 年）》提出，要夯实数字乡村信息化基础，加快物联网、地理信息、智能设备等现代信息技术与农村生产生活的全面深度融合。2019 年，《数字乡村发展战略纲要》进一步强调现代数字技术在乡村振兴中的拓展应用，明确分四个阶段实施数字乡村战略。2020 年，《数字农业农村发展规划（2019—2025 年）》提出新时期推进数字农业农村建设的总体思路、发展目标和重点任务。2022 年，中央网信办等十部门印发《数字乡村发展行动计划（2022—2025 年）》，为“十四五”时期的数字乡村建设做出了总体规划。

乡村振兴为新时代乡村建设擘画了美好蓝图，数字技术的快速发展则为乡村振兴提供了全新模式和发展机遇，数字赋能开启了乡村繁荣发展的新篇章。各地各部门积极贯彻党中央、国务院关于乡村数字化建设与发展的决策部署，抢抓农村农业数字化转型机遇，积极发挥数字赋能乡村经济发展、社会治理、民生服务、文化传承等方面的重要作用，促进农业产业链全面升级、农村社会全面进步和农民素质全面发展。数字乡村建设提速助力乡村振兴发展的不断深化，乡村数字基础设施建设全面强化，数字乡村建设的信息“大动脉”初步建成，农业农村大数据成为现代农业发展和乡村振兴的重要资源要素。信息技术在农业生产领域广泛应用，有力地助推农业转型升级。农村电子商务和新型农业的发展，催生了大批乡村新业态。在构建现代乡村治理体系过程中，数字技术发挥着重要作用，信息服务正全面渗透到乡村居民生活的各个方面。

当前，乡村振兴战略正深入推进，数字乡村建设也在如火如荼地全面布局。在乡村生产生活生态日益数字化的背景下，数字赋能乡村振兴秉承何种现实逻辑？具体表现为哪些业态与模式？未来应如何重点推进？这些问题都是摆在理论研究者面前的重要工作，不仅关涉到数字乡村建设系列规划能否切实落地，而且将会影响到乡村振兴战略实施的整体成效。有鉴于此，湘潭大学专门组织编写了“数字赋能乡村振兴丛书”，以国家政策规划为遵循，系统性地揭示数字驱动乡村振兴的内在逻辑，全方位地呈现数字赋能乡村振兴的整体图景，深层次地阐发数字乡村建设的破局关键，多视维地探索新时代乡村繁荣发展的数字进路。从而，希冀为各级乡村管理干部提供一套政策研读、模式借鉴、方法学习和路径创新的参考素材，使之能够以更加饱满的工作热情、更显前瞻的政策视野、更为充实的知识储备和更富成效的方案举措，积极投身数字乡村建设主战场，将数字乡村作为实现乡村振兴的重要抓手，着力提升乡村数字化、网络化、智能化水平，持续促进农业农村现代化转型。

丛书立足新时代国家乡村建设发展新的历史方位，坚持中国特色社会主义乡村振兴道路，面向数字引领乡村高质量发展这一重大需求，紧紧围绕推进数字技术与农业农村深度融合展开谋篇布局。丛书按照构建乡村数字治理新体系、数字赋能乡村产业振兴和智慧农业发展、数字驱动乡村公共服务效能提升、数字赋能乡村文化繁荣发展、数字支撑法治乡村建设、数字重塑乡村社会关系和结构、推进数字乡村信息基础设施建设等主题进行编排，不仅涵盖了乡村振兴目标体系中产业振兴、人才振兴、文化振兴、生态振兴和组织振兴五个方面，同时勾勒出数字时代全面推进乡村振兴的现实指向，整体上顺应“产业兴旺、生态宜居、乡村文明、治理有效、生活富裕”的乡村振兴总要求。

丛书依托湘潭大学习近平新时代中国特色社会主义思想研究中心、湘潭大学乡村振兴与共同富裕研究中心进行策划、组织和编写，汇聚了湘潭大学管理学、经济学、法学和社会学等多学科领域的专家学者，是瞄准重大需求、紧盯学术前沿的一大标志性成果，是推进有组织科研的积极尝试。丛书历时半年完成初稿，期间多次召集团队成员围绕主题、框架、内容、体例、风格等展开研讨和磋商，并经编委会反复论证、修改和完善，最后由湘潭大学出版社审定出版。丛书编写始终坚持政治性与学理性相统一、理论性与现实性兼备、思想性与可读性兼顾，既提供全面系统的规划梳理和深入浅出的政策解读，又以透彻细致的学理分析诠释观点、提炼要旨和反思症结，并且注重语言上的亲和力和思想上的启发性，力求观点权威准确、内容通俗易懂、文风清新简洁。同时，本丛书援引数字乡村建设过程中的先进做法，介绍数字赋能乡村振兴的典型模式，结合场景实例说明农村农业数字化转型的趋势、特点和条件，旨在通过鲜活的现实案例为读者提供更具针对性的指导。在书稿体例上，每本书的文字叙述中都穿插了大量的案例配图，章节结构中设置了知识链接、典型案例和延伸阅读等内容板块，使整套丛书的行文形式更加丰富多样和活泼有趣。应该说，本丛书对于广大干部群众全面地了解农村农业数字化转型的政策形势，系统地学习数字时代乡村振兴的理论知识和实践经验，深刻地把握新一轮科技革命下乡村治理变革的发展方向等，都具有较好的参考价值。

在丛书付梓之际，党的二十大即将隆重召开，这是党和国家政治生活中的一件大事。我们党从成立之日起就把农民生活疾苦放在心上，始终高度重视“三农”问题，历代中央领导集体都对解决“三农”问题进行了不懈探索，形成了既一脉相承又与时俱进、既符合中国国情又体现农业农村发展规律的“三农”战略体系。党的十八大以来，习近平总书记对“三农”工作发表了一系列重要讲话，就数字乡村建设提出了一系列富有创见的新思想、新观点和新要求，为中国特色社会主义乡村振兴道路指明了前进方向。作为理论研究和高等教育工作者，我深深地为党团结带领亿万人民群众打赢人类历史上规模最大、力度最强、惠及人口最多的脱贫攻坚战，书写消除绝对贫困艰巨任务的伟大奇迹，创造减贫治理的中国样本，而感到无比振奋和自豪。我期待，丛书的出版能够为数字时代乡村振兴的理论研究和现实进路添砖加瓦，同时吸引更多的同仁投身这项事业，为开创数字乡村建设新局面，建设农业强、农村美、农民富的美丽数字乡村，最终实现全体人民共同富裕和中华民族伟大复兴的宏伟目标而积极求索。同时，由于时间仓促，关于数字赋能乡村振兴的政策解读和理论阐释仍有待深化，相关经验总结和模式提炼还有待进一步完善。希望湘潭大学继续聚焦深耕，力争推出更多更富现实指导意义的精品成果，为实现乡村振兴这一伟大使命提供理论助力。

《求是》杂志社原社长 李 捷
中国史学会会长

2022年9月

前　言

人类社会正经历一个由数字技术驱动的社会大转型，尤其是我国以处于世界第一方阵的姿态加速进入数字时代。围绕乡村振兴战略、立足数字中国建设和农业农村现代化的战略要求，党中央和国务院先后出台系列政策以加快数字乡村建设进程。在国家系列政策推动和社会力量积极参与下，数字乡村建设呈现良好的开局态势，且探索步伐不断加快，这必将对我国乡村社会产生广泛、深入且持久的影响。因此，对数字时代的到来以及以此为背景的数字乡村建设进行科学而全方位的审视显得尤为重要。

在2016年4月19日，习近平总书记在网络安全和信息化工作座谈会上发表重要讲话指出，“着力推动互联网和实体经济深度融合发展，以信息流带动技术流、资金流、人才流、物资流，促进资源配置优化，促进全要素生产率提升，为推动创新发展、转变经济发展方式、调整经济结构发挥积极作用”。另外，习近平总书记在十八届中央政治局第三十六次集体学习时指出，“随着互联网特别是移动互联网发展，社会治理模式正在从单向管理转向双向互动，从线下转向线上线下融合，从单纯的政府监管向更加注重社会协同治理转变……要强化互联网思维，利用互联网扁平化、交互式、快捷性优势，推进政府决策科学化、社会治理精准化、公共服务高效化，用信息化手段更好感知社会态势、畅通沟通渠道、辅助决策施政”。正如习近平总书记所指出的这样，互联网不仅日益成为促进经济发展的重要力量，而且对社会治理提出了新的挑战。乡村既是我国经济发展的主战场，也是社会治理的重要场域，如何借力数字技术推动乡村高质量发展、实现乡村治理模式的转型和创新，是各级党委和政府高度关注的议题。

从社会学的学科视角来看，随着数字时代的来临尤其是数字乡村建设步伐的不断加快，数字技术正在重塑着乡村社会关系和结构，这背后既是数字技术对农民生活方式的重塑，也是数字技术对农业生产组织方式的重塑。从本书各章节的安排来看，第一章向读者交代了数字技术重塑乡村社会关系和结构的基本背景，第二章和第三章则分别从农村居民生活方式和农业生产组织方式两个方面，介绍了数字技术如何重塑乡村社会关系和结构。随着数字技术对乡村社会关系和结构的重塑，数字技术与人们的生产生活联系日益紧密，不仅一些新的社会需求被不断刺激出来，而且对相应技术行为进行约束的社会规范提出了要求，这意味着数字时代的乡村经济发展和乡村社会治理必须顺应数字时代这一潮流，遵循这一变化背后的客观规律。进一步来看，上述变化除了受到数字技术革命本身的推动之外，我国政府最近十多年不断出台的相关政策措施也是非常重要的推动力量。因此，第四章、第五章从政策与实践两个层面展示了上述重塑性影响“为何”以及“如何”形成的。随着数字技术对乡村社会关系和结构的重塑，不断定型的乡村社会关系和结构必然会反作用于乡村社会的经济、政治和文化等各个方面，这是一个十分复杂且漫长的过程。有鉴于此，最后一章围绕乡村数字经济发展，认为继续完善优化乡村数字基础设施、不断提升农民数字素养与技能、打造乡村经济新业态新模式不仅是发展乡村数字经济必须夯实的基础性工作，也是不断定型的乡村社会关系和结构提出的新要求。当然，除了上述这几个方面之外，如何在不断定型的乡村社会关系和结构中回应新的社会需求、建立和完善新的社会规范、创新乡村治理等是数字时代必须思考的新“三农”问题。

本书主要围绕数字技术重塑乡村社会关系和结构这一问题进行了初步的探讨，因此是一项探索性研究，希望能够起到抛砖引玉的作用。但退一步而言，随着数字时代的来临，数字技术对乡村社会关系和结构的重塑性影响已然显现，随着时间的推移，这一影响必然会逐步加剧，特别是不断定型的乡村社会关系和结构也必然会反作用于数字技术的进一步应用以及其他方面，这意味着数字乡村建设乃至乡村振兴战略的实施要注意到并遵循这一过程背后的客观规律。值得强调的是，弄清楚上述问题或许是解决梁漱溟提出的“乡村运动而乡村不动”这一问题的前提或基础，即本书的主张是如何更好地解决数字乡村建设以及乡村振兴战略中“乡村不动”的问题，就必须深入把握数字技术对乡村社会关系和结构的重塑及其反作用等问题，这同样也是相关实践工作的困惑之所在，因此本书的一些探讨和案例呈现在实践层面同样具有一定的启发或参考价值。

目 录

第一章
新起点：我国乡村社会加速迈入数字时代

习近平总书记指出："数字技术正以新理念、新业态、新模式全面融入人类经济、政治、文化、社会、生态文明建设各个领域和全过程，给人类生产生活带来广泛而深刻的影响。"随着互联网和物联网的迅速发展，我国正在快速进入继农业时代和工业时代之后的数字时代。数字技术的兴起不仅带来了数字经济格局和数字社会的日益形成，而且正在推动着我国乡村社会向数字时代快速迈进。

第一节　数字经济格局与数字社会正在形成

无论是从经济发展来看，还是从社会以及政治发展来看，我国都在加速迈入数字时代。大致来看，这一重大变化主要表现在两个方面。

一、数字经济格局逐步形成

首先，从全球范围来看，以"数字业"为代表的企业正在改变着我国的经济格局。全球上市公司市值不仅是相关国家经济实力的反映，也能够体现相关国家的经济格局。从全球经济发展格局来看，20世纪90年代、21世纪最初10年、21世纪10年代和21世纪20年代分别被称为“银行业”“电信业”“能源业”“数字业”时代。在前两个时代，我国没有一家企业进入全球上市公司市值排名的前十位；在“能源业”时代，“中国石油”“工商银行”“建设银行”分别位居前十的第一、第四和第六位；而在“数字业”时代，上述三家企业均滑出了前十，以“阿里巴巴”和“腾讯”为代表的“数字企业”分别位居前十的第六和第八位。

其次，从全国范围来看，我国数字经济增加值不仅呈逐年上升趋势，而且其所占GDP的比例也在不断提高。相关统计数据显示，2019年，我国数字经济增加值是35.8万亿元，占GDP比重为36.2%；2020年数字经济增加值是39.2万亿元，占GDP比重为38.6%，而同年制造业增加值下降至GDP的26.77%。另据保守估计，2025年数字经济将占我国GDP比重的50%以上①。

最后，从买卖关系来看，数字消费不仅日益成为人们的主要消费方式，而且形式多样的数字平台越来越成为人们获得经济收入的来源或交易平台。一方面，“出门不带现金带手机”已然成为大部分人的一种生活方式，移动支付在我们的生活中可谓随处可见。甚至有学者认为数字化转型正在驱动着我国二次消费革命，即中国自改革开放以来已发生两次消费革命，第一次是由制度转型所驱动的，第二次则是由数字化转型所驱动的。相较于制度转型而言，由数字化转型所驱动的第二次消费革命所带来的影响将会更加广泛而深远②。另一方面，我国农村物流和电商在近些年也处于迅猛发展期，北京大学中国农业政策研究中心在全国固定观测村庄的数据显示，截至2020年，99%的村庄实现了4G覆盖、23%的村庄建有电商服务站、35%的村庄能够

① 李稻葵：《2025年数字经济将占我国GDP50%以上》，澎湃新闻·澎湃号·政务，https://www.thepaper.cn/newsDetail_forward_12406549，2021-04-27。
② 林晓珊：《数字化转型与第二次消费革命——技术嵌入性作为分析范式》，载《新视野》，2022年第2期。

实现快递进村、37% 的村庄建有一站式服务平台。乡村智慧物流也在快速向农村地区拓展，“菜鸟”物流覆盖大于 1000 个县、建立了 30000 多个农村服务站点；苏宁物流拥有 1500 个县级服务中心、覆盖乡镇 30000 个以上；京东物流几乎覆盖所有县城，服务村庄数量大于 550000 个；顺丰物流已覆盖全国 41463 个乡镇[①]。此外，以淘宝和美团等为代表的数字化平台创造了数以万计的就业机会。《中国淘宝村研究报告（2009—2019）》显示，2018 年我国农村网络零售额为 1.37 万亿元，其中淘宝带动就业机会超过 683 万个，国家级贫困县的淘宝村年交易额接近 20 亿元。根据公开数据推算，在 2019 年网约配送员（即外卖骑手）从业人员数量约 1300 万人，已成为重要的新兴职业之一。其中，2019 年通过美团获得收入的骑手总数达到 399 万人，同比增长了 23.3%，有效带动了社会就业[②]。

二、数字社会正悄然到来

随着我国网民规模的不断扩大和网络普及率的不断提升，互联网技术与人们的生产、生活以及其他方面越来越密切相关。根据中国互联网络信息中心（CNNIC）在 2022 年 2 月发布的第 49 次《中国互联网络发展状况统计报告》，截至 2021 年 12 月，中国网民规模达 10.32 亿，较 2020 年 12 月增长 4296 万，互联网普及率达 73.0%。此外，我国网民使用手机上网的比例达 99.7%，手机仍是上网的最主要设备；网民中使用台式电脑、笔记本电脑、电视和平板电脑上网的比例分别为 35.0%、33.0%、28.1% 和 27.4%。总之，随着十亿用户接入互联网，我国业已形成全球最为庞大、生机勃勃的数字社会。

---

① 黄季焜:《数字技术促进乡村建设：机遇、挑战和发展思路》，2022 年 4 月 26 日在中国人民大学农业与农村发展学院的线上讲座。

② 美团研究院:《从数字生活到数字社会：美团年度观察 2020》，中国发展出版社 2020 年版，第 68—69 页。

单就农村而言，我国现有行政村已全面实现“村村通宽带”，贫困地区通信难等问题得到历史性解决。我国农村网民规模已达 2.84 亿，农村地区互联网普及率为 57.6%，较 2020 年 12 月提升 1.7 个百分点，城乡地区互联网普及率差异较 2020 年 12 月缩小 0.2 个百分点。换言之，尽管城乡上网人口占比虽然存在一定的差距，但这一差距正在快速缩小。一项基于全国除港澳台之外的 31 个省级行政区的调查数据显示，98.95% 的村民家庭拥有 1 部以上智能手机，社交网络媒体成为信息传播主渠道，农村居民通过手机、电脑等方式接入网络的比例达到 92.91%，农村居民“微信群”使用比例达到 74.95%[①]。单就农村居民而言，智能手机、移动互联等新型信息技术和设备不仅是人们重要的休闲娱乐方式，而且日益成为他们获取公共服务和公共信息的重要渠道，甚至成为一些农民的“新农具”，比如一些农民利用智能手机进行农业管理、农产品销售等。

上述变化在很大程度上得益于我国农村数字基础设施的不断升级和发展。农业农村信息化专家咨询委员会在 2020 年 11 月发布的《中国数字乡村发展报告（2020 年）》相关数据显示，工业和信息化部联合财政部组织实施了 6 批电信普遍服务试点，支持 13 万个行政村通光纤和 5 万个 4G 基站建设，并优先支持“三区三州”等深度贫困地区加快网络覆盖和普及应用。截至 2022 年 1 月，全国 100% 的行政村通宽带，99% 的行政村实现了通 4G；全国农村中小学（含教学点）互联网接入覆盖率为 99.7%，能够保障农村群众的上网用网需求。中央财政和基础电信企业投资累计超过 500 亿元，支持全国 13 万个行政村光纤建设以及 3.6 万个基站建设。 截至 2020 年 11 月，农村宽带接入用户数达到 1.39 亿户，比上年末净增 488 万户，比上年同期增长 8%，农

[①] 郭美荣、李瑾、马晨：《数字乡村背景下农村基本公共服务发展现状与提升策略》，载《中国软科学》，2021 年第 7 期。

村互联网应用快速发展①。截至 2019 年底，已经建成益农信息社 42.4 万个，覆盖全国近 80% 的行政村。当然，随着农村数字基础设施的不断升级和完善，我国农村数字化建设还存在许多值得加强的地方，比如，在加快信息终端和服务供给方面还有较长的路要走，尤其是农村经济数字化存在明显的短板。北京大学新农村发展研究院数字乡村项目组《县域数字乡村指数（2020）研究报告》相关数据显示，全国仅有 3% 的县域有开展农副产品直播销售、仅 15% 的县域获得过电商示范县项目。《数字乡村发展行动计划（2022—2025 年）》共包含八大行动计划，其中第一项行动计划就是“数字基础设施升级行动”，其重点在于推进乡村信息基础设施优化升级和推动乡村传统基础设施数字化改造升级，这意味着上述不足和短板有望在未来三年得到有效补足。

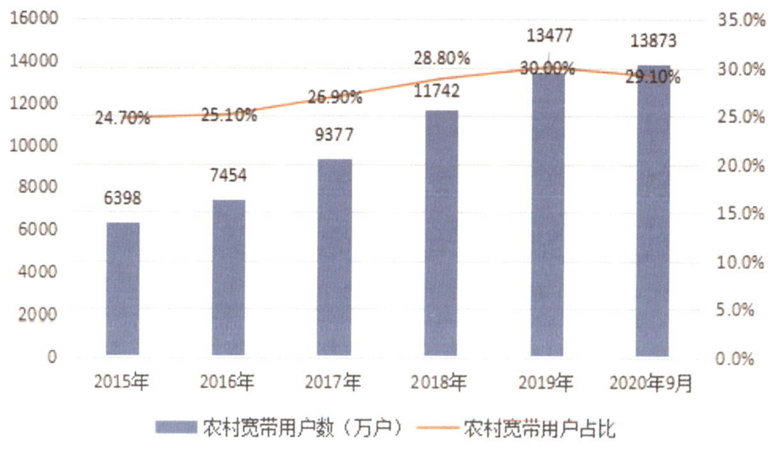

（我国农村宽带用户数和宽带用户占比情况，资料来源：第 49 次《中国互联网络发展状况统计报告》）

随着信息技术的发展和国家相关政策的推动，网络边缘人群正在加速融入网络社会，人们的数字素养有望得到进一步提升。长期以来，老年人群一直被认为是数字技术难以覆盖到的人群，但相关调查和报

① 农业农村信息化专家咨询委员会：《中国数字乡村发展报告（2020 年）》，2020 年 11 月，第 6—7 页。

告显示，我国老年群体正加速融入网络社会。根据中国互联网信息中心、腾讯等在2019年的调查，我国60岁及以上老年人网民人数已超过6000万，并仍在快速增长。随着数字时代的来临，互联网日益成为老年人进行日常交流、购物、理财、娱乐等的重要平台[①]。第49次《中国互联网络发展状况统计报告》还显示，得益于互联网应用适老化改造行动持续推进，老年群体连网、上网、用网的需求活力进一步激发。截至2021年12月，我国60岁及以上老年网民规模达1.19亿，互联网普及率达43.2%。老年群体与其他年龄群体共享信息化发展成果，能独立完成出示健康码/行程卡、购买生活用品和检索信息等网络活动的老年网民比例已分别达69.7%、52.1%和46.2%。综上来看，互联网将逐步渗透到老年人生活的诸多方面，也将对老年产品和服务消费产生巨大的带动作用，进而为我国老龄化进程增加科技和经济双支撑。此外，随着新冠肺炎疫情防控的进行，我们也注意到一些地方充分考虑老年人、婴幼儿、青少年等各类不方便持有和使用智能手机的特殊群体的通行需求，特别设计了“代扫登记”或“反向扫码”功能。总体来看，随着数字技术的快速发展，存在于人群之间的“数字鸿沟”正在逐渐缩小，数字技术覆盖所有人群的可能性正在日益提升。

值得关注的是，中央网络安全和信息化委员会于2021年11月印发了《提升全民数字素养与技能行动纲要》（以下简称《行动纲要》），对提升全民数字素养与技能作出安排部署。《行动纲要》从七个方面部署了主要任务：一是丰富优质数字资源供给，二是提升高品质数字生活水平，三是提升高效率数字工作能力，四是构建终身数字学习体系，五是激发数字创新活力，六是提高数字安全保护能力，七是强化数字社会法治道德规范。围绕主要任务和薄弱环节，《行动纲要》还设立了数字社会无障碍和适老化改造提升工程等六个重点工程。可以预见的

① 美团研究院：《从数字生活到数字社会：美团年度观察2020》，中国发展出版社2020年版，第31页。

是，随着《行动纲要》的逐步实施，人们的数字素养与技能将会得到不断提升，这意味着数字社会可能会以我们意想不到的速度到来。

第二节 乡村社会加速迈入数字时代

一、乡村治理数字化快速推进

2021 年 12 月 15 日，我们在湖南省湘潭县中路铺镇柳桥村调研时，有不少村民前来便民服务中心办事，张贴在中心墙上的“湘潭县村（社区）公共服务事项目录（2020 年）”关乎村民生产和生活的方方面面，其中可以办理的父项目有 45 项，包含于其中的子项目多达 70 余项。45 个父项项目主要包括人民调解服务、社会保险费缴纳、社会保障卡服务、就业信息服务、公共就业服务专项、就业失业登记、创业补贴申领、高校毕业生等青年就业服务、老人福利补贴、生育服务登记和资助贫困残疾人家庭无障碍改造等。再从便民服务办事方式来看，便民服务中心办理的服务事项又分为五大类型：即办、代办、咨询、协办和其他。其中，即办就是即收即办，简单地讲就是一些服务项目在行政村范围内就可以一次性办结，不需要村民再跑到乡镇及其以上的各级政府部门。尽管这只是我们调研的个案，但作为“缩影”，其折射出我国“互联网 + 政务服务”在农村地区得到了很好的发展。

所谓“互联网 + 政务服务”，是指政府基于互联网的电子化状态，利用电子通信技术对行政事务进行管理。中国互联网络信息中心发布的第 46 次《中国互联网络发展状况统计报告》显示，截至 2019 年底，我国除港澳台以外的 31 个省级行政区全部构建了覆盖省、市、县三级的政务服务平台，其中 21 个省级行政区已实现了省、市、县、乡、村政务服务五级覆盖，政务服务“村村通”覆盖范围持续扩大，初步形成五级网上服务体系。上述变化在很大程度上始于2016年9月国务院印发的《关于加快推进“互联网+政务服务”工作的指导意见》，这项政策的出台对加快转变政府职能，提高政府服务效率和透明度，便利群众办事、创业，进一步激发市场活力和社会创造力都具有非常重要的意义。

不难理解，信息平台或信息技术是电子政务得以顺利实施的基础条件。除了像“村村通”这样的主要由政府部门开发的一些信息平台之外，由民营企业主导开发的一些便民服务信息平台的影响范围也在逐步扩大。北京大学新农村发展研究院《县域数字乡村指数（2020）》相关统计数据显示，从2019年到2020年，“支付宝政务业务使用用户数”的增长率为38.5%、“乡村开通微信公众服务平台占比”的增长率为11.3%。截至目前，全国乡村数字治理平台主要有三个，即腾讯“为村”、电信“村村享”和阿里“乡村钉”。其中，腾讯“为村”的使用分布已经覆盖30省（自治区、直辖市）893县2458镇16605村253万人；“村村享”业已覆盖10省（自治区、直辖市）1000县；“乡村钉”覆盖23省100多个县。“为村”平台设置了基层党建、精准扶贫、投票评选、乡村大数据、书记信箱、分享生活、低保申请、村务公开、连接服务和聊家常等栏目。除了上述以电子政务为主的信息平台之外，一些数字平台还致力于推进农村信息服务便捷化和普惠化。

（株洲市荷塘区“我的荷塘”公众号首页，市民可以在这个平台上查询政务、就业、养老等方面的相关政策和服务信息。）

总体来看，乡村治理作为国家治理体系的重要组成部分，是治理体系中最基本的治理单元。我国在推进乡村治理数字化，深化“互联网＋政务服务”“互联网＋党建”建设，促进农业行政审批制度改革、农业农村信息化建设和数字化管理深化发展，不断提升乡村治理效能，推动乡村治理能力建设等方面已取得了长足的进展。这主要表现在以下几个方面：一是“互联网＋政务服务”加快向农村延伸，这使得为数不少的行政审批和公共服务可以在行政村便民服务中心实现“一站式”办结；二是农业行政审批流程电子化改革初见成效，这为加快激发农业农村市场活力和创新创业创造提供了新动能；三是数字化平台让“三资”管理更透明，这不仅能够实现农村集体资产资源优化配置和交易过程阳光透明、公开、公平、公正，还能够进一步推动农村集体资产资源保值增值和农村发展稳定；四是农村宅基地信息化管理服务高效便捷，这不仅进一步规范了农村宅基地管理，而且强化了县乡村多级联动的工作机制，还能够实现对村庄规划、宅基地用地计划、村民建房的全程监管；五是土地承包经营权信息应用平台基本建成，其主要功能已经初步具备并开始发挥作用。此外，乡村党务村务管理能力也在不断提升，这主要体现在：一是“互联网 + 基层党建”全面铺开；二“雪亮工程”建设不断深化；三是“互联网 + 村务”促进村务公开与监督。

从未来发展来看，乡村数字治理有望再次得到全面快速推进。习近平总书记在 2022 年 4 月 19 日下午主持召开了中央全面深化改革委员会第二十五次会议，审议通过了包括《关于加强数字政府建设的指导意见》在内的共五个“意见”或“方案”。其中，习近平总书记在主持会议时针对加强数字政府建设强调：“要全面贯彻网络强国战略，把数字技术广泛应用于政府管理服务，推动政府数字化、智能化运行，为推进国家治理体系和治理能力现代化提供有力支撑。”乡村治理作为国家治理的有机组成部分，我们有理由相信，随着《关于加强数字政府建设的指导意见》等相关政策的逐步出台和实施，乡村治理数字化将会得到更加全面而深入的开展。

［延伸阅读］

“腾讯为村”是什么?

腾讯为村是一个以互联网助力党建引领基层社会治理和乡村振兴的智慧乡村平台，致力于乡村移动互联网能力建设，为乡村连接情感、连接信息、连接财富。为村助力每个村庄打造云端上的党群服务中心、村民手机里的精神家园和属于自己村庄的互联网名片。

“腾讯为村”致力于乡村移动互联网能力建设，让每个村庄拥有属于自己的互联网名片。“腾讯为村”既是一项用互联网助力党建引领精准脱贫、基层社会治理、乡村振兴的创新实验，也是腾讯履行企业社会责任的具体实践。

“为村”是云端上的党群服务中心。为村级社群提供基层社会治理的数字化服务工具，搭建以“党务、村务、事务、服务”为核心功能板块的在线党群服务中心，提高乡村基层工作开展及重要信息上传下达效率，强化党建引领作用，推动精准脱贫留轨迹、社会治理见成效、乡村振兴有成果。

“为村”是村民手机里的精神家园。构建村民的网上精神家园，村民无论身在何处，都能实名认证加入本村为村平台，和村友互动、参与村庄公共事务及活动，在全国各地为村村庄进行跨村交流和学习，更有机会获“加油为村基金”支持开展村庄活动，激发村社群内生动力和凝聚力。

“为村”是自己村庄的互联网名片。让每一个村庄拥有属于自己的互联网名片，在线集中呈现村庄聚人、聚心、聚力的发展图景，村集体和村民还可以通过为村展示村庄特色，吸引外界资源进入村庄，走上乡村振兴高速路。

（资料来源：“腾讯为村”公众号。）

二、数字乡村建设如火如荼地开展

数字乡村建设是数字中国建设的重要内容。在 2018 年 1 月,《中共中央、国务院关于实施乡村振兴战略的意见》明确提出要实施数字乡村战略。2019 年 5 月,中共中央办公厅、国务院办公厅联合印发了《数字乡村发展战略纲要》,明确提出“数字乡村是伴随网络化、信息化和数字化在农业农村经济社会发展中的应用,以及农民现代信息技能的提高而内生的农业农村现代化发展和转型进程”,这为各地区、各部门推进数字乡村建设指明了方向。

表 1-1　中国政府出台系列政策加快数字乡村建设进程

时间	文件名称	与数字乡村相关内容
2012 年	《中共中央、国务院关于加快推进农业科技创新持续增强农产品供给保障能力的若干意见》	突出农业科技创新重点,加快推进前沿技术研究,在信息技术、先进制造技术、精准农业技术等方面取得重大突破
2013 年	《中共中央、国务院关于加快发展现代农业进一步增强农村发展活力的若干意见》	确保国家粮食安全,加强农机装备的研发
2014 年	《中共中央、国务院关于全面深化农村改革加快推进农业现代化的若干意见》	推进农业科技创新,建设以农业物联网和精准装备为重点的农业全程信息化和机械化技术体系
2015 年	《中共中央、国务院关于加大改革创新力度加快农业现代化建设的若干意见》	加快农业科技创新,在生物育种、智能农业、农机装备、生态环保等领域取得重大突破
2016 年	《中共中央、国务院关于落实发展新理念加快农业现代化实现全面小康目标的若干意见》	大力推进“互联网 +”现代农业,大力发展智慧气象和农业遥感技术

续表

时间	文件名称	与数字乡村相关内容
2017 年	《中共中央、国务院关于深入推进农业加快培育农业农村发展新动能的若干意见》	加快科技研发，实施智慧农业工程，推进农业物联网试验示范和农业装备智能化，发展智慧气象
2018 年	《中共中央、国务院关于实施乡村振兴战略的意见》	大力发展数字农业，实施智慧农业林业水利工程，推进物联网试验示范和遥感技术应用
2019 年	《中共中央、国务院关于坚持农业农村优先发展做好“三农”工作的若干意见》	实施农业关键核心技术攻关行动，培育一批农业战略科技创新力量，推动生物种业、重型农机、智慧农业、绿色投入品等领域自主创新
2019 年	《数字乡村发展战略纲要》	夯实数字农业基础、推进农业数字化转型、推进农业装备智能化、优化农业科技信息服务
2020 年	《中共中央、国务院关于抓好“三农”领域重点工作确保如期实现全面小康的意见》	建设农业农村大数据中心，加快物联网、大数据、区块链、人工智能、第五代移动通信网络、智慧气象等现代信息技术在农业领域的应用
2020 年	《数字农业农村发展规划（2019—2025 年）》	加快种植业、畜牧业、渔业、种业及新业态生产经营数字化改造；加快农业人工智能研发应用；建设数字农业服务体系等
2021 年	《中共中央、国务院关于全面推进乡村振兴加快农业农村现代化的意见》	发展智慧农业，建立农业农村大数据体系，推动新一代信息技术与农业生产经营深度融合。完善农业气象综合监测网络
2022 年	《数字乡村发展行动计划（2022—2025 年）》	开展数字基础设施升级、智慧农业创新发展、新业态新模式发展、数字治理能力提升、乡村网络文化振兴、智慧绿色乡村打造等八大行动

续表

时间	文件名称	与数字乡村相关内容
2022年	《中共中央、国务院关于做好2022年全面推进乡村振兴重点工作的意见》	大力推进数字乡村建设；推进智慧农业发展，加强农民数字素养与技能培训；推动“互联网＋政务服务”向乡村延伸覆盖；实施“数商兴农”和“快递进村”工程；推动数字乡村标准化建设、持续开展数字乡村试点

在2020年脱贫攻坚战取得全面胜利后，我国“三农”工作重心历史性转向全面推进乡村振兴，数字乡村建设逐步被确立为乡村振兴的战略方向。2021年，《中华人民共和国国民经济和社会发展第十四个五年规划和2035年远景目标纲要》提出“加快推进数字乡村建设”，《“十四五”国家信息化规划》将“数字乡村发展行动”列为十大优先行动之一，并作出明确部署。2022年1月，中央网信办等10部门印发了《数字乡村发展行动计划（2022—2025年）》（以下简称《行动计划》）。《行动计划》立足我国数字乡村发展现状，充分衔接《数字乡村发展战略纲要》《“十四五”国家信息化规划》的目标要求，提出了两个阶段的发展目标：一是到2023年，数字乡村发展取得阶段性进展。网络帮扶成效得到进一步巩固提升，农村互联网普及率和网络质量明显提高，农业生产信息化水平稳步提升，“互联网＋政务服务”进一步向基层延伸，乡村公共服务水平持续提高，乡村治理效能有效提升；二是到2025年，数字乡村发展取得重要进展。乡村4G深化普及、5G创新应用，农业生产经营数字化转型明显加快，智慧农业建设取得初步成效，培育形成一批叫得响、质量优、特色显的农村电商产品品牌，乡村网络文化繁荣发展，乡村治理数字化体系日趋完善。

事实上，从表1-1就可以看出，自2012年以来，我国相继颁布的与数字乡村内容相关的政策文件多达14项。特别是2019年以来，几乎每年都有两项与数字乡村内容相关的政策出台。其中，2018 年《中共中央、国务院关于实施乡村振兴战略的意见》不仅倡导“大力发展数字农业，实施智慧农业林业水利工程，推进物联网试验示范和遥感技术应用”，而且首次明确提出了“数字农业”这一概念。在此之后，中央政府先后颁布了《数字乡村发展战略纲要》《数字农业农村发展规划（2019—2025 年）》《数字乡村发展行动计划（2022—2025 年）》《中共中央、国务院关于做好 2022 年全面推进乡村振兴重点工作的意见》共四个重量级的政策文件，这不仅体现了中央政府大力发展数字农业、推动数字乡村建设的坚定意志，而且意味着乡村社会向数字时代的迈进将会逐步加速，更表明数字乡村建设和乡村振兴战略将会逐步实现融合。

总体来看，数字乡村建设既是数字中国建设的重要内容，也是乡村振兴的战略方向。我们有理由相信，随着上述政策的逐步推行，我国迈向数字时代的步伐不仅会加快，而且也会带来经济、政治、社会和文化等诸多方面的改变。

三、农业生产数字化稳步发展

从表 1-1 可以看出，《关于全面深化农村改革加快推进农业现代化的若干意见》和《关于加大改革创新力度加快农业现代化建设的若干意见》先后提出“推进农业科技创新，建设以农业物联网和精准装备为重点的农业全程信息化和机械化技术体系”“加快农业科技创新，在生物育种、智能农业、农机装备、生态环保等领域取得重大突破”。2019 年颁布的《数字农业农村发展规划（2019—2025 年）》则更加明确地提出，要“加快种植业、畜牧业、渔业、种业及新业态生产经营数字化改造；加快农业人工智能研发应用；建设数字农业服务体系等”。总体来看，在上述政策的推动下，在各地不断的实践探索中，我国农业生产数字化正稳步推进。

农业农村信息化专家咨询委员会在2020年11月发布了《中国数字乡村发展报告（2020年）》，从种植业、畜牧业、种业、农机装备、渔业和农垦等方面对我国农业生产数字化的现状和进展进行了全面而系统的总结。第一，种植业逐渐实现数字化，这主要表现在农情检测体系数字化建设不断完善、种植技术数字化指导成效显著和行政管理平台数字化建设逐步强化等方面。第二，畜牧业数字化作用日益凸显，这主要体现在养殖场直联直报系统不断完善和养殖技术线上指导服务广泛开展两个方面。第三，种业数字化工作成效明显，这既体现在数字化育种平台建成并投入使用，也体现在种业大数据管理基础不断夯实等方面。第四，农机装备数字化发展迅速，这分别体现在农机装备数字化步伐不断加快、农机作业数字化服务深入推进和农机管理数字化水平显著提升等方面。第五，渔业数字化和农垦数字化取得了喜人的成绩，前者主要表现在渔船渔港管理系统信息化建设持续推动、渔业装备升级改造不断加强和渔业生产大数据平台建设稳步推进等方面；后者主要体现在农垦基础数据资源建设不断加强和农业经营数字化转型加快推进这两个主要领域[①]。

此外，被喻为“新基建”的农业农村大数据平台正处于建设之中，其主要由三个部分构成或具有相应的功能：一是建立国家和省级农业农村大数据中心，其包括国家农业大数据中心、农业科技数据分中心及32个省级农业数据中心，开通运行33个行业应用系统，能够覆盖农业行业统计检测、监管评估、信息管理、预警防控等领域。二是初步构建了农业大数据采集和应用体系，有关农业信息采集、分析、发布、服务制度不断完善，该体系基本能够对农情、市场运行、动植物疫情等实现实时检测调度。三是开展大数据试点，基本能够对粮棉油

[①] 农业农村信息化专家咨询委员会:《中国数字乡村发展报告（2020年）》，2020年11月，第21—29页。

等 8 大类 15 个重点农产品开展全产业链大数据试点，为公众提供及时准确的市场信息。如果再对应具体的县域来看，像山东省寿光市在“数字 + 蔬菜产业”上，不仅利用数字技术撬动了蔬菜产业的升级、畅通了流通销售体系，还基于数字技术从链条上确保蔬菜安全、促进蔬菜种植技术集成创新和推进蔬菜数字标准制定，可谓成效十分显著。总之，无论从全国范围来看，还是从地方实际发展来看，我国农业生产数字化都处于稳步推进之中。

第三节　从社会学学科视角看待数字乡村社会的来临

综上，从经济格局、社会发展、社会治理和农业生产等方面来看，我国乡村社会都正在快速迈入数字化时代。然而，乡村社会数字化显然不单单是一个数字技术运用于各个领域的过程，还是一个数字技术对乡村社会产生影响甚至冲击作用的过程。正如德国学者理查德 · 大卫 · 普雷希特在其《我们的未来——数字社会乌托邦》一书中所说：“数字化不是墨守成规、单纯的经济模式效率的提高，而是二百五十年来我们经济模式的一次巨大转变，是世界历史范围内生活和价值观的巨大转变！数字革命来势凶猛，全面覆盖现代社会，是跨文化的、对个人自由的最大冲击。”[①]这就意味着我们必须对乡村社会数字化进行多层次、全方位的科学审视，进而为我们理解、认识乡村社会数字化以及如何更好地推动乡村社会数字化提供丰富而有价值的知识。社会学作为社会科学的学科之一，其旨在探讨个人和社会关系何以可能或专注于社会秩序何以可能，因而能够帮助我们更好地理解和认识乡村社会数字化，并有助于揭示乡村社会数字化的本质，进而帮助我们更好地推动数字乡村建设。

① 理查德 · 大卫 · 普雷希特：《我们的未来——数字社会乌托邦》，张冬译，商务印书馆 2022 年版，第 25—26 页。

一、社会学及其研究对象

社会学是一门起源于十九世纪三四十年代并脱胎于哲学的社会科学。尽管关于社会学的界定可谓众说纷纭、莫衷一是，但大多数学者都赞同将社会行动、社会现象、社会关系以及社会结构视作为社会学的研究对象。比如，由费孝通主持和指导的、中国社会学重建后出版的第一本《社会学概论》，就从社会整体的角度来下定义："社会学是从变动着的社会系统的整体出发，通过人们的社会关系和社会行为来研究社会的结构、功能、发生、发展规律的一门综合性的社会科学。"[①] 我国台湾学者龙冠海对社会学对象的定义也属于这一类，认为社会学的主要旨趣"是在社会互动或社会关系中的人及其由此所造成的社会体系，社会团体，与社会组织，以及它们之间关系的情形"。美国社会学家乔恩·威特写给普通读者的《社会学的邀请》如是介绍社会学："社会学是对个体与社会之间的关系以及差异性后果的系统研究。我们通过社会学来学习如何思考与思考什么，我们该做什么与不该做什么，以及如何根据我们的经验和关系知道如何跟物质世界进行互动。"[②]

社会学的一个重要特点，就是广泛地研究社会生活中人们相互之间的社会关系和社会行动。西方政治学的创始人亚里士多德曾说"人天生就是城邦性动物"，这一著名的命题有时被社会学家借用过来说明"人是生活在社会群体之中的，任何人都不能离群索居"这一观点。"人们在社会中合群而居，共同生活，彼此之间就必然要结成一定的社会关系，并发生这样或那样的社会行为。人类社会就是由人们的种种社会关系构成的。在人们的全部社会关系中，生产关系（在阶级社会里则又体现为阶级关系）是各种各样社会关系的基础。"[③] 除了生产关系这

[①]《社会学概论》编写组：《社会学概论》，天津人民出版社 1984 年版，第 2 页。
[②] 乔恩·威特：《社会学的邀请》，林聚任等译，北京大学出版社 2014 年版，第 10 页。
[③]《社会学概论》编写组：《社会学概论》，天津人民出版社 1984 年版，第 3 页。

一基础性社会关系之外，人们还以生产实践为基础结成了其他一系列性质不同的社会关系，比如经济关系、政治关系、法律关系、宗教关系、家庭关系、亲戚关系、朋友关系、街坊邻里关系等等。也正是通过多种多样而又错综复杂的社会关系和相应的社会行为，社会组织、社会制度和社会结构才得以形成，人们才能聚集在一起开展共同的社会活动，并同时谋求个体生存或在社会中占有一席之地。

不难看出，随着社会关系研究的深入，社会结构作为社会学的另一个研究对象开始浮现出来。因为不仅基于各种各样的社会关系形成了不同的社会组织、制度体系，而且小至个人的性格、人与人之间的交往以及个人在特定社会关系中扮演的角色，大至各种社团组织、社会规范、社会制度、阶级、民族和国家等等，都在社会生活中占有不同的地位、起着不同的作用，同时又相互联系、相互制约，进而构成了一个不断变动的社会体系，即所谓的社会整体或者形象地讲就是一个有血有肉、有骨骼或框架的社会形态。社会学者为了研究社会结构，通常会借助特定的社会制度来实现，如亲属制度、经济制度、政治制度、宗教制度等等。他们认为社会结构就是由诸如此类的社会制度所形成的一个宏大体系。随着社会学的发展，社会结构中一些制度已形成了相对独立的研究流派，如组织社会学等。换言之，社会结构中的每一个制度都可以作为一门独立的学科来研究。但无论如何，作为一个整体的社会结构还是社会学所专门研究的对象[①]。综上来看，社会关系和社会结构是社会学这一学科最为重要的研究对象。

二、社会学视野下的数字社会

互联网一直是社会学家的兴趣所在，这主要源于以下三个方面的

① 费孝通：《费孝通文集》（第八卷），群言出版社 2021 年版，第 22 页。

原因：第一，互联网本身就是一种研究工具，比如越来越多的研究者采用网上问卷调查来替代纸质版的问卷调查。第二，它本身就是一个重大的研究课题，因为它作为一种讨论平台而通常与现实生活中的社区相提并论，比如各种网络论坛等，也就是我们通常所说的虚拟社区。第三，互联网不仅仅是一种沟通媒介，更为重要的是它改变了人们交流互动的模式。相对于20世纪以前出现的货币以及工业革命时期的蒸汽机，互联网技术被认为会带来现代社会的全面颠覆，如此强大的力量自然受到了包括社会学在内的多学科的普遍关注。

相对于由一个个具有鲜活生命的个人所组成的现实社会而言，基于互联网而形成的网络社会曾经一度被人们认为是一个“虚拟社会”，其理由就是在网络上人们所接触到的只是一些数字化的信息，并不是真实的事物。比如，你可以在网上购买商品，但你在网络上所看到的商品只是它们的照片，因而网络上的商品只是一个视觉形象；你可以在网络上与网友愉快地交流，但你有时候并不知道对方究竟长什么模样，甚至不知道对方是男是女。总之，在“虚拟社会”的主张者看来，网络上的一切事物都是虚拟的而并非是真实的。然而在2001年，童星等提出了与之相反的观点，他们认为将网络社会视作为“虚拟社会”的看法是不妥当的，主张将网络社会视作一种新的、现实的社会存在方式。进一步来看，网络社会在本质上也是一种“关系的聚合”，其同样包括“个人 - 个人”的关系、“个人 - 群体”的关系、“群体 - 群体”的关系和“人 - 物”的关系。在上述观点的基础上，童星等明确提出网络社会是社会学研究的新对象，并认为网络社会学研究的内容主要包括关于网络社会本质和运行规律的研究、关于网络社会对整个社会生活的作用与影响的研究以及通过网络社会来深入研究全球化问题[①]。童星等在这里同样强调社会关系仍然是网络社会的重要研究对象。

① 童星、罗军：《网络社会：一种新的、现实的社会存在方式》，载《江苏社会科学》，2001年第5期。

随着我国向数字时代的快速迈进，社会学家对数字技术之于社会影响的兴趣愈发浓厚。大致来看，从社会学学科出发的研究主要从理论和实践两个层面展开，主要在探讨数字技术对社会变迁、社会分化和社会治理的影响的基础上，试图科学地把握数字时代之中社会运行的规律或基本机制，并提出相应的对策。比如，有研究者认为数字技术带来了根本性的社会变迁，这不仅改变了构成社会的基本形式即社会连接模式，而且必然会构建出新的社会生活和社会结构[①]，这其实意味着随着数字时代的来临，其必然会对社会关系、社会生活和社会结构带来新的影响。此外，虽然邱泽奇等学者的研究主要着眼于理论探讨，但依然能够为我们提供实践性的启发，比如他认为数字时代的到来给社会治理带来挑战，这主要表现在属地管理、“双重异步”等方面。其中，由于数字技术具有跨越地理空间的优势，这就给传统的属地管理带来了新的挑战，即公共权力对一些新兴网络空间的覆盖越来越力不从心。所谓的“双重异步”，一方面是指由于网络社会不断发展，旧有的社会规范、社会规则和社会制度难以对其形成约束和指引，这就意味着必须根据网络社会的特征建立新的社会规范；另一方面，由于数字技术不仅致使个体与家庭、社区、组织之间逐步分离，而且使得公共事务的范畴不断扩大，这就对政府以及其他公共组织的治理能力提出了更高的要求[②]。正如乔恩·威特所说的那样，社会学的知识不仅能够让我们进一步明白数字时代个体和社会之间的关系是什么样子的，而且能够帮助我们弄清在数字时代应该如何思考和思考什么、该做什么和不该做什么。或许更为重要的是，社会学的知识有助于我们在数字时代根据相关经验和关系跟物质世界进行互动。

---

① 王天夫：《数字时代的社会变迁与社会研究》，载《中国社会科学》，2021 年第 12 期。

② 邱泽奇：《技术化社会治理的异步困境》，载《社会发展研究》，2018 年第 4 期。

三、社会学如何看待乡村社会数字化

社会学这一学科除了对整体社会这一笼统的对象进行研究之外，还专门针对乡村社会这一对象的数字化及其影响进行了大量的研究。就本书所关心的问题即数字技术对乡村社会关系和结构的重塑而言，既有的研究主要为我们提供了正反两个方面的观点，这有助于我们思考如何更好地进行数字乡村建设。

一方面，一些研究主要从数字化的角度对乡村社会发展和乡村社会治理的积极作用进行了探讨，其主要认为数字化不仅能够促进乡村数字经济的发展，而且还有助于乡村社会治理困境的化解。由中共中央办公厅和国务院办公厅联合印发的《数字乡村发展战略纲要》，主要从夯实数字农业基础、推进农业数字化转型、创新农村流通服务体系和积极发展乡村新业态四个方面为发展农村数字经济提供了指导意见。结合上述指导意见来看，社会学方面的研究主要从数字技术对劳动形态的改变及其影响进行了探讨，比如邱泽奇就认为相对于农业时代和工业时代，数字时代有更多的劳动形态，让人们都有机会参加劳动，这被认为是数字时代社会发展最大的积极面向，因为数字技术能够实现在工厂之外、田地之外让劳动重归个体性自主、自在、自由。也就是说，这里的“三自劳动”不再局限于有限的时空之中，不再源自村寨牧场的公共信息和供需匹配，而是源自数字技术对劳动供给与需求的汇聚与高效匹配[①]。简单地讲，数字技术不仅有助于让农业劳动回归个体性，而且能够实现农业劳动要素的高效匹配，这可以说是为数字劳动的兴起和发展提供了学理性的解释，不仅让我们对发展乡村数字经济充满信心，而且有助于我们解决现实中的一些难题。关于数字技术与乡村社会治理的研究和实践的探索最为常见，其大体上从“数治”

① 邱泽奇：《劳动与尊严——数字时代“不躺平”的逻辑前提》，载《探索与争鸣》，2021 年第 12 期。

的思路为我们提供了丰富多样的答案，即主要认为基于数字技术的乡村社会治理能够有效化解因为农村人口外流而带来的乡村治理困难，这为乡村治理相关主体“共同在场”创造了多重可行路径[①]。最简单的一个例子，就是人们可以借助微信等平台来商讨村庄公共事务或者作出共同的决定。

另一方面，还有为数不少的研究和实践探索从反思性的角度为我们提供了一些非常有价值的知识，从而能够为我们在数字乡村建设以及乡村治理等方面面临的难题或困惑提供相应的对策，或者能够帮助我们避免一些可能犯的错误。比如，刘少杰等就围绕“数字乡村建设中‘乡村不动’问题的成因与化解”这一主题进行了积极的探讨，主要认为“数字下乡”行动主要还是县政府的行动，广大农民仍然没有被有效地发动起来，作者以山东省曹县为案例，认为使农民行动起来关键要通过政府支持、能人示范、感性导引等途径来实现，同时还要使农民在数字、网络和智能技术的应用中获得实惠[②]。除此之外，还有一些学者和实践探索者基于具体的研究案例发现“数字下乡”与“资本下乡”基本相似，即“数字下乡”同样要遵循乡土社会的基本运行逻辑和社会基础。简言之，数字乡村建设必须建立在科学把握乡村社会现有运行规律基础之上才能得到有效的推动，而这里最重要的内容就是数字技术对乡村社会关系和结构的重塑。

[①] 邱泽奇、李由君、徐婉婷:《数字化与乡村治理结构变迁》，载《西安交通大学学报（社会科学版）》，2022 年第 2 期。

[②] 刘少杰、周骥腾:《数字乡村建设中“乡村不动”问题的成因与化解》，载《学习与探索》，2022 年第 1 期。

第二章

新生活：数字技术重塑农村居民生活方式

随着我国乡村社会加速迈进数字时代，数字技术正在不断地重塑着人们的生活方式。社会学是一门系统地研究社会行为与人类群体的学科。这样，我们可以从个体和群体两个层面来看待数字技术对人们生活方式的重塑性影响。

第一节　数字技术对农村居民个体生活方式的重塑

随着互联网、移动互联网和物联网不断向农村地区的延伸和拓展，数字技术不仅对农业生产组织方式产生重塑性影响，还驱动着农村居民的生活方式发生全方位的变革，这主要体现在以下几个方面。

一、数字技术增强了农村居民生活的便捷化

首先，数字技术不仅使农村居民可以便捷地接触各种信息，而且有助于人们获得新的知识和工作技能。在过去，农村几乎就是封闭、落后的代名词，但随着互联网技术的应用日益广泛，数字化触角几乎

已经延伸到乡村社会生产生活的方方面面。近年来，无论是在田间地头还是在茶余饭后，人们常常在摆弄着手机，有的在刷短视频，有的在刷朋友圈，有的在和亲人朋友聊天……智能手机几乎是农村居民日常生活不可或缺的一部分，其不仅是人们打发闲暇时光的重要工具，还是人们获取各种信息、了解外部世界的重要渠道。可以毫不夸张地讲，通过一部智能手机就能“知天下”，即便是在遥远偏僻的农村，人们依然可以通过手机来了解天下大事，知晓国内外各种各样的新闻趣事。另外，智能手机也是人们学习各种生活知识的重要工具，特别是随着各种网课、慕课陆陆续续上线，一些好学的农村年轻人通过这样的学习平台来获取知识信息。比如，2021 年 12 月，我们在湘潭县中路铺镇柳桥村调研时，一位姓陈的年轻人就使用手机来学习如何操作无人机喷洒农药。

在今天，如果人们在生活和工作中遇到了疑问或者困难，首先求助于像百度、抖音以及小红书等这样的网络平台似乎成为人们的第一选择。小刘是一位来自湖南农村的装修工人，他原本主要从事室内墙面粉刷作业，但在他做完墙面粉刷之后业主觉得他干活认真负责，于是想请他顺便做室内墙面和地面的瓷砖美缝，由于盛情难却加之他认为这是一个难得的赚钱机会，于是他答应下来之后很快就去快手和抖音上查找学习相关的教学视频，他说他在第二天就基本掌握了瓷砖美缝的要领，然后做了一些尝试性的工作之后就顺利地完成了这项工作，并同样得到了业主的赞许。他高兴地告诉我们，从此他又掌握了一门新的技术，可以帮助他更好更快地赚钱了[①]。小刘虽然只是千千万万务工人员中的一员，但在一定程度上能够说明数字网络逐渐成为农村务工人员学习新知识、新技能的重要平台。事实上，除了像小刘这样通过抖音和快手来学习新技能之外，如今各种各样的网络培训平台也在

① 资料来自 2022 年 6 月 22 日作者对农村外出务工人员的访谈。

逐渐增多，比如线上厨师培训、线上电商运营培训等等。总之，诸如此类的线上培训和相关学习视频为广大农村外出务工经商人员提供了很好的学习机会，使他们获取知识更加便捷。

其次，数字技术使农村居民越来越享受与城市居民同等的购物消费便捷性。在过去主要受制于物流网络不够发达等客观条件，农村居民网上购物需求难以得到很好的满足，但在近些年随着农村居民消费观念的改变特别是快递物流点对农村地区的逐步覆盖，农村居民跟城市居民同样可以在各种电商平台购买自己喜欢和需要的商品，而且大部分农村地区基本能够实现物流直达和快速送达。中国劳动力动态追踪调查[①]2018 年的统计数据显示，经常在网络上购物的农村居民大约占比为 13.95%，偶尔和很少在网络上购物的农村居民占比分别约为 13.95% 和 11.44%。总体来看，大约累计有 41.53% 的农村居民在 2018 年拥有网络购物的经历，具体可参见表 2-1。时至今日，我们相信农村居民网购频率肯定要比表 2-1 所示的高很多，因为当下农村无论是电商服务站还是物流一站式服务平台的覆盖比例都要远远高于 2018 年的水平。那么，究竟是什么力量推动着上述变化或为农村居民便捷网购创造了良好的基础条件？

表 2-1　农村居民网购频率统计表

	经常	偶尔	很少	从不	合计
人数（人）	1565	1821	1283	6547	11216
百分比（%）	13.95	16.24	11.44	58.37	100

温州市政府网站资料显示，截至 2022 年 6 月，该市已建成农村

① 中国劳动力动态追踪调查（China Labor-force Dynamic Survey，简称 CLDS）是一项从个体、家庭和社区层面收集数据的全国性追踪调查，由中山大学社会科学调查中心负责组织实施，截至目前已开展 2012、2014、2016 和 2018 年共四轮调查，访谈对象主要是 15—64 岁的人口，该调查的样本在个体、家庭和社区层面均具有普遍代表性。本书主要使用 CLDS2018 中农村户籍的个体问卷 11613 份、家庭户问卷 3106 份和村居问卷 219 份中的数据。

物流服务点3313个，县、乡、村三级农村物流网络覆盖率90%以上，已开通客货邮合作线路4条，建成客货邮综合运输站3个。其中，洞头区首创“渡运＋公交客运班线”的客货邮融合发展模式，辖区内行政村基本实现了“客货邮”服务全覆盖。乐清市则联合邮政公司，邀请中通、韵达等7家快递公司入驻分拣中心，打造“1个市内公交班线+7家全国快递”的“1+7”模式，成功构建了农村快递物流辐射网。事实上，像温州市这样全力打造农村物流服务点或加快推进农村快递物流辐射网在全国几乎是普遍现象，这不仅是市场经济发展促动的结果，更是国家相关政策不断激励的产物。比如，《中共中央、国务院关于做好2022年全面推进乡村振兴重点工作的意见》就明确提出：“加快农村物流快递网点布局，实施‘快递进村’工程，鼓励发展‘多站合一’的乡镇客货邮综合服务站、‘一点多能’的村级寄递物流综合服务点，推进县乡村物流共同配送，促进农村客货邮融合发展。”也就是说，农村居民正在享受的网购便捷化在一定程度上是来自党和国家各项政策不断推进的结果。

二、农村居民生活娱乐和自我感知的数字化

“我们今天用的手机，似乎已经成为人体的一个新器官，离不开了。”有人曾发出这样的感慨。的确如此，今天的手机功能不再局限于打电话、发短信，而日益成为一个基础的连接平台，将我们生活的方方面面与丰富多彩的互联网连接在一起，因此，手机几乎与我们的吃穿住行以及生活娱乐密切相关。就拿出行来说，开车、走路去陌生的地方一般都要依靠手机导航，打的、坐公交也可以使用手机打车或查阅公交车情况，更不要说订餐叫外卖、旅游购物、娱乐互动、支付转账等等，几乎都离不开手机。对于大多数人而言，手机就像一个随身携带的“互联网＋”。

在如今的农村，手机不仅仅是人们聊天、打电话、购物、查看天气以及支付转账的重要工具，而且日常娱乐也逐渐转向互联网。根据相关资料以及我们的长期观察，短视频制作与浏览越来越成为农村居民日常娱乐的重要方式。抖音数据报告显示，在 2021 年抖音获赞最多的十大职业中农民位居第三，仅次于教师和医生这两大职业[①]，这说明抖音深受农村居民的喜爱，其中的原因就是抖音是农村居民平时浏览和发布短视频最多的数字化平台之一。此外，该报告还展示了 2021 年抖音上最受欢迎的十大非遗项目，作者将此整理在表 2-2。虽然在抖音上欣赏并点赞十大非遗项目的群体不一定全部都是农村居民，但结合 2021 年抖音点赞最多的十大职业排名中农村居民位居第三来看，最受欢迎的十大非遗项目的受众对象农村居民应该占了较高的比例。换言之，抖音是农村居民生活娱乐数字化的重要平台之一。另据统计，自 2019 年 7 月至 2020 年 6 月，3 亿用户在快手上发布作品，男性上传视频略多于女性，30 岁以下用户占比超 70%；1—6 月快手短视频类型占比中，记录生活的作品占比达 29.8%。其中，仅快手平台三农类创作者数量约有 1500 万人[②]。总之,像抖音以及快手这样的数字平台在我国农村地区具有非常广泛的影响，也是农村居民生活娱乐数字化的重要平台。

---

① 抖音平台:《2021 抖音数据总结报告》，第 12 页。
② 快手大数据研究院:《2021 快手生态内容半年报》，第 43 页。

表 2-2　2021 抖音最受欢迎的十大非遗项目

	TOP1	TOP2	TOP3	TOP4	TOP5	TOP6	TOP7	TOP8	TOP9	TOP10
项目	豫剧	越剧	黄梅戏	秦腔	相声	京剧	花鼓戏	柳州螺蛳粉制作技艺	陕北民歌	川剧
获赞数（万）	7743	5789	5305	4903	4650	4477	3826	3643	2596	2574
地域	河南	浙江	安徽	陕西	天津	北京	湖南	广西	陕西	四川

进一步来看，抖音和快手作为我国短视频行业的两大巨头，虽然二者存在一定的差别，但均具有简单易学、贴近生活和紧跟时代潮流等特点，这自然吸引普通人群，甚至被认为形成了一场全民制作短视频的狂欢。时下“三农”题材短视频创作的内容，主要包括日常生活记录、自然风光呈现、传统文化展示、搞笑剧情短剧和农副产品推广等。由此可以理解，抖音和快手之所以成为农村居民生活娱乐数字化的重要平台，是因为其与农村居民群体的特征以及与他们的日常生活需要是紧密相关的。

除了生活娱乐数字化之外，农村居民在生活方式上同样呈现出自我感知数字化的趋势。在数字时代，通过佩戴像智能手环、智能手表和智能眼镜等生物传感器来收集个人的血压、心率、睡眠以及运动等方面的数据，逐渐成为一种流行的生活方式。从某种意义上讲，数字技术将个人与智能设备结合在一起，形成了数字社会里特有的“数字化存在”。在这样一股社会潮流中，农村居民同样没有落伍。CLDS2018 个体问卷询问了“使用智能手环、智能手表、智能眼镜（如小米手环、苹果手表等，可以记录日常生活中的锻炼、睡眠等实时数据）等智能设备的频率”，总共有 11216 位拥有农村户籍的个体做了选项回答，统计结果见表 2-3。从统计结果来看，虽然农村居民使用智能设备的频率不是很高，但有使用的比例也接近 10%，何况这还只是 2018 年的平均统计数据。我们有理由相信，今天佩戴智能设备的农村居民这一占比应该在 10% 之上。

表 2-3　农村居民使用手环等智能设备频率统计表

	经常	偶尔	很少	从不	合计
人数（人）	142	266	587	10221	11216
百分比（%）	1.27	2.37	5.23	91.13	100

三、农村居民自我表达的数字化

数字网络正在日益成为一个展示自我的空间。即便是在今天的农村，也有越来越多的人在网络上发布文字、照片、视频来记录自己的行为、经历、感想、情绪，有的还发布时事评论以及对社会热点问题的看法等等。这样的自我表达不仅能展示自我，而且是一种强化自我认知的方式，数字网络为农村居民尤其是农村年轻人提供了一个全新的进行自我展示的空间。

（一）日常生活的呈现

这方面的内容主要以记录和展示农村居民日常生活为主，通过写实的画面并配以简单的文字，向人们展示朴实无华、原汁原味的乡村田园生活状态。如果我们在抖音平台搜索“乡村”这一关键词，就会出现诸如“乡村生活”“乡村美食”“乡村劳动”等菜单，再接着点击相关菜单就会给我们呈现出相应的视频，内容可谓丰富多彩、五花八门。除了相关主题之外，还有专门由个人打理的抖音账号，例如“村里有个姑娘叫小芳”“乡愁”“茂茂的乡村生活”等就是比较受欢迎的账号。

其中，“乡愁”就是由一位 34 岁的福建农村女性申请注册的、旨在“用微小的镜头记录乡村的真实生活”的账号，该账号共上传了 305 个精心制作的视频，主要记录了视频博主做饭、下田种地、制作腌肉、走亲访友等方方面面的内容。该账号不仅获赞 2.2 亿，而且拥有 2032.1 万粉丝，305 个视频中获赞数量最多的一个达到 280 万。同样，快手也是人们记录和展示乡村日常生活的重要平台，当然还包括微信朋友圈、微博等数字化平台。

（二）推介乡村自然风光

发展乡村旅游业是实现乡村振兴的重要抓手之一，有关加快数字乡村建设的国家政策多次涉及发展乡村数字旅游产业的内容。比如，《数字农业农村发展规划（2019—2025 年）》就提出要“鼓励发展智慧休闲农业平台，完善休闲农业数字地图，引导乡村旅游示范县、美丽休闲乡村（渔村、农庄）等开展在线经营，推广大众参与式评价、数字创意漫游、沉浸式体验等经营新模式”。类似这样的政策使原本就处于发展中的乡村旅游短视频制作受到了极大的鼓励和刺激，从而使其呈现出更加繁荣的景象。大致来看，这类视频主要以乡村美景的展示和乡村旅游的推广为主要创作目的和内容，通过对乡村自然风貌的呈现，吸引广大网友的关注，并以此宣传乡村的美丽景色，提高其知名度，进一步带动乡村旅游业的发展。总体来看，这方面的内容不仅是农村居民进行自我表达的体现，而且在一定程度上给久居城市的网民提供了如同身临乡村的感受，从而给乡村旅游业注入了一股新的活力。

（三）展示乡村传统文化

2019 年，中共中央办公厅和国务院办公厅联合印发《数字乡村发展战略纲要》，其围绕“繁荣发展乡村网络文化”，提出了“推进乡村优秀文化资源数字化，建立历史文化名镇、名村和传统村落‘数字文物资源库’‘数字博物馆’，加强农村优秀传统文化的保护与传承”等要求。类似这样的国家政策同样刺激了一部分农村居民通过抖音、快手、微信等数字化平台发布有关乡村传统风俗、文化、手工艺品制作、非物质文化遗产等视频，不仅起到了丰富农村居民日常生活的作用，而且对传承与发扬乡村优秀传统文化具有一定的积极意义。例如，来自四川省绵阳市的李子柒就是数以万计短视频创作者中的佼佼者，她的抖音作品中对于乡村美景、传统美食以及蜀绣、蜡染、活字印刷等非遗元素的呈现获得了全世界广大网民的喜爱。正如前面所指出的那样，虽然李子柒只是众多利用数字化平台进行自我表达的农村居民当中的佼佼者，但这恰恰代表了正在数字平台中进行自我表达和创作的农村居民这一庞大的人群。

（四）创作搞笑剧情短剧

在手机上观看各种各样的搞笑短视频，在近些年悄然成为人们尤其是农村居民消遣娱乐的重要方式之一。有人做了这样一个形象概括：“过去种田累了来一锅烟，现在种田累了看搞笑视频。”这在一定程度上能够说明搞笑短视频之于农村居民休闲娱乐的重要性。搞笑短视频能得到农村居民的特别青睐，既与农村生活的相对单调乏味有关，也与慢节奏的乡村生活相关，当然更重要的是许多短视频本身就是由农村居民自己拍摄制作的，因而与他们的真实生活比较贴近。再从这些短视频的内容来看，其主要以系列自创的搞笑段子为主，虽然情节都比较简单，但凭借其轻松搞笑的风格而深受广大网友喜爱，是“三农”短视频中比较主流、比较容易“出圈”的一类形式。但这类视频火爆的背后也常常存在着封建迷信、攀比低俗、哗众取宠等消极文化的网络传播，因此还需要进一步规范和整治。当然，除了上述四个方面的内容之外，还有一些人通过抖音、快手和微信等网络平台进行情感交流、权益咨询等等，凡此种种都可以视作自我表达的数字化。

第二节　数字技术对农村居民群体生活的重塑

亚里士多德曾说“人是城邦的动物”，这其实也可以理解为人类天生就是合群的动物，即必须过共同生活。特别是我国农村，自古以来人们就聚族而居，即便是在今天，家庭、家族或宗族等以血缘为基础的组织形态依然是人们最基本、最重要的社会关系。随着数字时代的来临，尽管农村居民人际交往的群体性或社会性这一本质没有改变，但人们社会交往的形式却发生了很大的变化。

一、人际交往数字化及其可能的影响

数字技术不仅正在改变着人们的联系方式，而且对人际交往具有重塑性影响。CLDS2018 个体问卷设置了“您使用手机微信、QQ 等网络社交工具的频率是？”这一题目，题目的答案同样是“经常”“偶尔”“很少”和“从不”，共有 11216 位具有农村户籍的个体回答了这一题目，统计结果可参见表 2-4。从中可以看出，经常使用手机微信、QQ 等网络社交工具的人群占比高达 44.19%。如果将“经常”“偶尔”“很少”这三类答案都计算在内的话，在 2018 年全国大约有 64.48% 的农村居民使用手机微信、QQ 等网络社交工具，这表明手机微信、QQ 等网络社交工具逐渐成为农村居民人际交往的新媒介。

表 2-4　农村居民使用社交媒体统计表

	经常	偶尔	很少	从不	合计
人数（人）	4956	1385	891	3984	11216
百分比（%）	44.19	12.35	7.94	35.52	100

网络社交工具的逐步普及，极大地压缩了空间对人们交流互动的限制，帮助人们跨越遥远的距离更方便地与其他人进行沟通交流，同时也使社会交往的数量和质量均得到了增强。王先生毕业于吉林大学，从 2017 年开始在天津工作，他平时除了与远在江苏农村老家年迈的父母进行微信视频聊天之外，还在父母的住所安装了几个智能摄像头，闲下来的时候通过手机看看父母在干什么，他说虽然不能陪在父母身边，但微信视频和智能摄像头至少让他能够与父母随时保持交流互动，也使他少了些许的担心与牵挂。随着城市化的快速推进，我国居住分离问题尤为突出，这主要表现在由于人口流动而导致的不同世代在居住空间上的分离，这是留守儿童和留守老人以及其他问题产生的重要原因。不难理解，数字网络在一定程度上能够起到解决上述问题的作用。

如同硬币具有正反两个面一样，数字通信技术在加强人们相互联系的同时，也对人际关系造成了潜在的威胁。数字技术因为容易使人们更喜欢人机交流以及只和自己主动选择的安全的社会环境进行互动，因而有可能会威胁到面对面的互动，进而导致互动质量的下降。王天夫认为这是一种亲密关系的幻象，即实际上带来了人们社会关系的疏远，比如一个令人担忧的现象就是由于人们通过数字设备连接到虚拟的世界，而会大大减少与周围他人的交往互动[①]。著名的人际关系理论提出者梅奥等人依据霍桑实验的结果提出了“社会人假设”，认为人们最重视的是工作中与周围人友好相处，物质利益是相对次要的因素，

[①] 王天夫:《数字时代的社会变迁与社会研究》，载《中国社会科学》，2021 年第 12 期。

他还指出："人是独特的社会动物，只有把自己完全投入集体之中才能实现彻底的'自由'。"也就是说，日益发达的数字技术对人际关系质量同样具有破坏性的一面，不仅会使人们陷入新的孤独与隔离，而且会侵蚀人们的自由。

二、各种各样的"数字群体"正在不断生成

数字网络技术带来了两种看起来似乎矛盾的群体构成方式。一方面，在现代社会可以观察到人们越来越脱离原本社会关系紧密的诸如家族、村落以及亲戚朋友这样的初级群体，个体主义或个人主义的趋势比较明显，这一变化在数字时代尤为显著。但另一方面，数字网络技术又同时突破了时空的局限，带来了更多的跨时空交流、沟通以及合作，这在乡村社会表现得尤为明显。相对而言，在上述两种群体构成方式的变化中，后一个方式在数字时代的乡村社会尤为值得关注，这主要表现在形形色色的"数字群体"正在不断出现。

自古以来，血缘和地缘关系在不同程度上一直是乡村社会的基本联系纽带，只是随着传统社会向现代社会的不断演进，尤其是自 20 世纪 80 年代大规模人口流动以来，熟人社会运行逻辑逐渐被解构、消解或重塑。但即便是这样，基于血缘、地缘和业缘的社会关系依然是我国乡村社会得以有效运行的重要社会基础。与此同时，随着数字网络技术在我国乡村社会的迅猛发展，智能手机在乡村社会得到了普遍的应用。根据一项调查的数据，98.95% 的农村家庭拥有 1 部以上智能手机，农村居民"微信群"使用比例达到 74.95%[①]。CLDS2018 年的个体统计数据也表明,2018 年全国大约有 64.48% 的农村居民使用手机微信、QQ 等网络社交工具。这样，即便是生活在偏远乡村的农村居民也具有

① 郭美荣、李瑾、马晨:《数字乡村背景下农村基本公共服务发展现状与提升策略》，载《中国软科学》，2021 年第 7 期。

依靠移动互联网与外面世界实现联系的机会，尤其是互联网技术日益成为外出打工村民与乡村社会以及各类人群实时连接的重要媒介，这个变革过程造就了大量的“数字群体”。

与基于血缘、地缘和业缘的社会关系相对应，人们借助于移动互联网大致形成了以下三种类型的“数字群体”。首先，在现代社会由于求学、务工或外出经商等方面的需要，使原本朝夕相处的家人或亲属分散在不同的地方，这种空间上的分离不仅限制了人们的交流沟通，而且久而久之也会削弱人们原本比较亲密的情感关系。但是，随着数字网络技术在乡村社会的不断普及，这种因地理空间分离而造成的人际关系的疏远以及情感关系的弱化又重新得到了加强。时至今日，如果我们有机会浏览微信使用者加入或创建的微信群，几乎都会发现诸如“家和万事兴”“亲情群”“至亲”等基于血缘关系的微信群，人们不仅在这里互报喜忧、嘘寒问暖和表达祝福，而且有时大家还会在一起聊天，过年过节的时候还会发红包和抢红包等，这无疑在线上营造了一种家的温暖感觉，从而能够化解前面提及的多种原因导致的人际疏离问题等。其次，地缘关系是人们社会关系中的重要构成内容，来自农村的人尤其注重这方面，也正是如此，借助于数字网络技术的各种微信乡亲群或老乡群可谓比比皆是。以农民工这一群体为例，以老乡为基础的社会关系网络是人们求职的重要信息纽带，随着各种老乡微信群的不断出现，人们不仅通过这样的“数字群体”来发布用工信息或找工作，而且有时候也会通过微信群等来组织规模不等的乡亲聚会，这不仅方便了外出务工人员的求职，而且在联络人们情感、促进交流和加强沟通等方面起到了一定的积极作用。形形色色的“数字群体”不仅大大方便了那些在外务工的农村人员，而且对于那些在外求学、经商的人来说同样是维系社会关系的重要纽带。最后，业缘关系也同样是人们社会关系的重要组成部分，人们如出一辙地借助于互联网实践把基于业缘而组建的线下社会群体复制到数字平台上。比如，像卡车司机就通过建立线上群体来共享各类有关物流、道路交通以及天气情况等方面的信息，有时也会通过线上的方式来组织一些线下的活动。总而言之，在数字时代，人们借助于移动互联网实践把基于血缘、地缘和业缘而组建的乡村熟人社会复制到数字平台上，这不仅突破了传统乡村社会的地理空间的限制，建构起了数以万计的横跨城市与乡村的“数字群体”，构筑起了村民之间的数字化联络机制，而且形成了不同于农业时代和工业时代的乡村社会的数字化关系网络，最终对人们的社会生活以及生产劳动产生着数字时代所特有的作用或影响。

大致来看，上述作用和影响主要体现在如下三个方面：第一，借助数字技术维系村民关系。数字技术不仅重塑了传统乡村熟人社会，而且在数字平台上实现了留守村民与外出务工村民以及移居到城镇“村民”之间的跨时空关联，使日益衰微的乡村社会关系重新被建构起来。进一步来看，这种通过数字技术而关联起来的社会关系为有效解决村庄公共事务、丰富村民的业余文化生活创造了新的契机。人们可以通过智能手机在线上进行交流，最大限度地实现了留守村民与打工村民的“数字关联”。第二，“数字舆论”对村民言行具有约束以及调节作用。众所周知，乡村社会舆论不仅是村民之间交往的重要行为规范，而且是乡村社会得以有效运行的基本逻辑。在数字时代，即便是对于那些外出务工经商的村民甚至是迁居城镇多年的原“村民”而言，数字网络技术将他们又重新拉回到关系层面的乡村社会生活之中，基于互联网而建构的村庄公共舆论也能够对他们的行为起到一定的约束或调节作用。第三，乡村“互帮互助”精神被重新激活。乡村社会是一个典型的熟人社会，在这一社会形态下，人们之间互帮互助是乡村社会生活得以维系和进行的重要保障，尽管乡村社会关系所具有的这一功能在工业社会中遭遇到了挑战，但数字技术却为传统熟人社会的“互帮互助”精神注入新的活力，使村民之间“互帮互助”精神重新被激活和传承。总之，借助于移动互联网而不断生成的各类“数字群体”，对农村居民的社会生活以及生产劳动至少具有“村民关联”“舆论约束”“互助模式”等影响或作用。

三、农村居民社会参与网络化

随着互联网在农村的日益普及，农村居民的社会参与也逐渐呈现出网络化或数字化的趋势，这主要体现在公共事务参与网络化和利益需求表达数字化等方面。

（一）公共事务参与网络化

改革开放以来，我国乡村社会最大的变化之一就是大量人口外流及其导致的村庄人口“空心化”。我们在 2018 年 7 月和 2021 年 12 月先后在广东省云浮市的双上村、碑头村和大坪村以及湖南省湘潭县中路铺镇的柳桥村进行社会调查期间，几乎每个村子里的青壮劳力都外出务工了。比如，大坪村是一个户籍人口 418 人的自然村，有一半以上的青壮劳力都外出务工了，留在村子里的基本上都是老人、小孩和妇女。柳桥村同样如此，我们能访谈到的村民基本上都是 60 岁以上的老年人。很显然，农村人口外流给村庄社会治理带来了诸多挑战，其中之一就是在对村庄公共事务进行讨论和决策时，由于大多数村民不能参与其中而往往不能如期举行，有时因为要按时完成上级政府交代的任务而不得不由村干部集体作出决定再向村民公示，这不仅仅是一些村干部的烦心事，更是招致了部分村民的不满和抱怨。数字网络技术的不断普及和应用，大大化解了因乡村人口外流而给村庄公共事务商讨和决策带来的诸多困难。

（广州市从化区村民使用“仁里集”云平台查看村务公开信息，并可以在平台上将自己的意见和建议留言反馈。）

在那些外出人口占比较高的村庄中，村干部一般都会将一些事关村庄的公共议题发布在诸如微信群等互联网平台上，这样不仅能够使那些身处不同地方的村民就议题展开对话、讨论与协商，也可以借助微信群这样的互联网平台促进外出村民和留守村民之间的互动交流。袁某华是甘肃省靖远县 M 镇的一名普通干部，长期在基层工作，有较为丰富的基层工作经验。2019 年 12 月，该县 M 镇为了加强张王村的管理，将他调到张王村担任村支书。刚一上任，他就想给年久失修的环村道路铺上沥青并进行拓宽，但在征集村民意见时，不仅很多村民不在家，而且有几户人家因为道路拓宽可能会占用他们田地旁边的地埂而提出反对意见。于是，他开始挨家挨户地走访村民开展动员工作，但由于他是“下派干部”，村民大多用怀疑的眼光敷衍应对，若要掌握村情民情并非想象的那么容易。随着时间的推移，有一天他发现大多数村民虽然不在家（在家的村民对他以及其他村干部基本都是敷衍态度），但在村庄几个微信群里却就修路一事议论得热火朝天，甚至一些久居城镇的村民也参与其中。针对此事，他颇为感慨地告诉我们：“现在的农村工作不仅仅在村里，还在网络上，在村民的微信群里。”

的确如此，在人口大流动和数字网络技术在乡村社会不断普及的双重背景下，开展农村工作的阵地已经不再局限于物理空间，而出现了向网络空间不断转移的趋势，这就意味着基层干部在收集村情民情等信息时，需要将视线转移至移动互联网上去，至少不能忽视人们在网络空间上的各种意见和声音，因为在数字时代，人们的社会参与方式已然发生了重要的变化，即出现了从线下参与向线上和线下双重参与的变化趋势，当然值得提醒的是，线下社会参与仍然是主流。

（二）利益诉求表达数字化

伴随着社会参与的网络化，农村居民利益需求表达也呈现出日益明显的数字化趋势，特别是近三年新冠肺炎疫情的流行和蔓延在一定程度上加剧了这一变化。一般而言，人们利益诉求的表达与他们的社会生活条件是密不可分的，或者说，人们往往会选择那些更加便捷、行动成本最低且预期效果最佳的方式作为利益诉求表达的手段和渠道。相对来看，随着各类电子政务平台的投入使用以及像微信群等这样一些数字网络平台的不断普及，其日益成为人们与公共管理机制发生联系的重要渠道。网络空间又具有虚拟性等特点，许多平台不需要严格的实名制就可以发表言论，这在一定程度上给人们提供了一种行动成本比较低廉的选择，自然受到了使用者的青睐。如果网络空间失去了这两个特性，其受欢迎程度可能就会大打折扣。

诞生于浙江省龙游县的“村情通”，是一个集讲堂在线、党员教育、乡村振兴、基层治理、办事服务、需求表达于一体的数字化平台，试图借此真正实现“一呼而来,一点就通”的治理目标。据相关资料介绍，这使传统网格化管理搭上了信息化的“快车”，打通了基层治理与服务的“最后一公里”，架设了民情民意的“连心桥”，探索出了一条共建共治共享的乡村治理新路径。总体来看，龙游县依托“村情通”，以自治为基础、法治为保障，不仅赋予了群团组织新动能，而且为社会组织和市场主体加注了新动力，基本能够实现群众办事由过去的“跑断腿”到“最多跑一次”，是推进乡村社会治理数字化的鲜活实践。如果单就村民利益诉求表达来看，这一款数字化平台能够较好地满足人民群众在这方面的需求。比如，龙游县官潭村村民利用“村情通”匿名反映“有人故意破坏公共卫生用具，长期无人治理”，网格员在收到信息后，立马前往现场查看并通知保洁员进行清理，也及时上传了清理后的图片，同时在该平台上给匿名举报者回复了处理结果[①]。

（浙江省龙游县“村情通”的首页，村民可以很方便地查询与自身息息相关的信息，并随时提出建议和反映问题。）

总之，数字时代不仅对乡村社会治理提出了新的需求，而且数字

① 康晓强：《“村情通”——新时代乡村治理新模式》，人民出版社 2018 年版，第 35 页。

技术的日益发达也为相关需求的满足创造了新的条件和新的可能，特别是在人们利益诉求表达日益数字化的当下，乡村社会治理及其相关工作也应跟上形势的发展而作出相应的调整，并不断更新工作理念和创新工作方法。

第三节　数字化对乡村社会治理提出了新的要求

一、从“线下”静态到“在线”动态的变化

随着互联网尤其是移动互联网不断走进千家万户，我国不仅网民数量位居世界第一，而且农村居民上网的比例亦在快速增长。截至2020年，我国农村网民规模已达2.84亿。2020年的一项全国性调查数据显示，98.95%的农村家庭拥有1部以上智能手机，农村居民“微信群”使用比例高达74.95%[①]。上述数据充分表明互联网已成为我国农村居民日常生活的一部分，或者说互联网空间将会承载人们越来越多的有关生产和生活的内容，从空间社会结构的视角来看，这意味着乡村社会治理空间重心需要作出相应的调整。习近平总书记曾指出：“网民来自老百姓，老百姓上了网，民意也就上了网。群众在哪儿，我们的领导干部就要到哪儿去，不然怎么联系群众呢？”[②]随着数字时代的来临，我国农村居民上网的比例将会逐年增加，这意味着干群关系以及乡村社会治理等诸多工作将会从过去的“线下”静态向“在线”动态转变。简单地讲，过去农村居民的活动空间主要局限于村庄这样的物理空间，但随着数字技术的不断普及和应用，农村居民从事生产和生活的空间不再局限于村庄等物理空间，而出现了不断向网络空间延伸和拓展的

① 郭美荣、李瑾、马晨：《数字乡村背景下农村基本公共服务发展现状与提升策略》，载《中国软科学》，2021年第7期。
②《习近平谈治国理政》（第二卷），外文出版社2017年版，第336页。

趋势。在数字时代，群众既在村庄这样的物理空间里，也在网络这样的虚拟空间里。结合习近平总书记的指示来理解，干部联系群众在数字时代既要下基层，也要上网络，也只有这样，干部才能更好地联系群众、服务群众。

更为重要的是，上述转变还面临着一个深刻的社会背景，那就是乡村人口大流动。据保守估计，我国在近几年平均每年大约有2亿农村居民长期工作和生活在城镇，这不仅意味着大量青壮劳力以及乡村党员的就业方式日趋多样化，还意味着乡村人口结构以及乡村治理结构体系的深刻变化，即随着人们进城务工和自主创业，基层组织能够主导的乡村管辖区域所对应的社会空间遭到了一定的挤压，依托于基层组织所建构的社会认同和整合力可谓日益衰微。比如，我们在广东、湖南、甘肃等地调研发现，不仅农村基层组织呈现出不同程度的涣散状态，而且乡村的党员组织生活会的到会率也普遍偏低，有时甚至不到一半的参会率，这大大削弱了基层党组织在乡村社会治理中积极作用的发挥。另外，村民参加村委会选举投票也因此而受到了不同程度的影响，这主要表现在投票率达不到要求、代投票比例偏高甚至还存在投票数造假、选举舞弊等负面现象，进而还可能威胁到基层民主的践行和积极作用的发挥。

相对于过去,数字时代的乡村社会治理不仅存在“线下”与“线上”的区别，而且还相对呈现出从“静态”到“动态”的转变，或者更全面地讲就是从“线下”静态到“在线”动态变化。2021年12月我们在湖南省湘潭县柳桥村调研时，一位村干部向我们诉说了他的烦恼：“过去我们的工作比较简单，现在你还要时不时关注着村里的几个微信群，怕有的人在里面乱发言或者转发不该发的东西，因为如果造成不良影响，我们不仅会挨批，甚至还会被追责。”之所以存在这样的现象并给相关干部造成一定的压力，我们认为这主要是由数字网络本身所具有的特征所造成的。数字网络最大的特征或优势之一就是极大地压缩了时空对人们交流互动的限制，这使得人们能够在很短的时间内实现“聚集”，而且这种“聚集”还因为具有动态性而带来高度不确定性。因此，一个集体性事件或一个具有共鸣性的话题很有可能在很短的时间内在网络上迅速发酵，如果疏导不及时或处理不到位，就有可能造成不良社会影响甚至导致社会不稳定。

深入来看，这些问题的产生还与网络时代的“去中心化”或“多中心化”有关。“去中心化”或“多中心化”这两个术语与“中心主义”形成一定的对应。一般而言，“中心主义”具有一个强大的中央领导权威，因而能够涵盖信息和通信技术的所有组成部分，有利于资源共享和集中决策的形成，容易形成统一的领导。相对来看，“去中心化”或“多中心化”虽然有利于发挥部分的积极效能，从而能够实现品种创新和项目的快速发展以及改进，同时还可以通过灵活的行政安排来实现相应的目的，但其也有因缺乏统一集中的领导而可能损害可持续发展、数据共享比较困难、缺乏统一的标准以及部门与整体规划方向不一致等弊端。随着数字技术在乡村社会的不断普及和应用，乡村社会治理“去中心化”的趋势日益明显，这可能导致乡村基层组织乃至基层政府权威的弱化。通俗地讲，处于数字网络中的人们由于获取信息的来源具有多元化、丰富性以及不确定性，特别是在有人“带节奏”的情况下，人们的从众心理可能会被唤起而对某种观念、思潮或价值出现遵从甚至服从，进而会在网络空间中临时塑造出一个新的“权威”，因而可能会对固有的权威形成质疑、挑战甚至颠覆。

二、社会结构变化意味着人们需求的变化

随着数字技术对农村居民生活方式和农业生产组织方式的重塑，

乡村社会结构也在发生着相应的变化，这意味着公共政策、公共服务及其背后的价值理念都应该随之作出调整或改变。因此，我们认为至少有两个方面的问题需要进一步思考或商榷。

首先，随着数字技术对农业生产组织方式的重塑，乡村社会结构正在发生着相应的变动，这对数字时代的乡村社会治理提出了新的要求。所谓社会结构，从广义上讲是指“以某一人口社会经济特征为标志反映出来的人群分布及其关系的状态”，它不仅指以财富和收入为标准的阶级阶层结构，也包括以教育、职业、年龄、宗教、民族特征为标志的社会结构。随着数字时代的来临，“半耕半网”已成为我国乡村经济的新形态，这不仅意味着像网络主播、淘宝店主、物流快递员等这些新兴职业群体类型及其相应的数量在乡村社会将会越来越多，而且随着“人地分离”问题的进一步缓解，越来越多的农民工将会返乡，其中不乏那些之前从乡村流出的乡村精英，因而意味着乡村人口的教育程度、年龄结构等也会随之发生变化。事实上，任何社会都是由不同群体构成的，不同的社会群体不仅其需求不同，而且利益诉求的方式也存在着较大的差别。社会治理的重要目标之一就是要通过提供社会福利和公共服务，以满足人民群众日益增长的美好生活需求，化解社会矛盾和建立社会秩序，最终实现社会和谐。而要实现这一目标，一个基本的前提就是要全面、客观、科学地认识人们的需求和利益所在，就必须分析和认识一个社会的人群构成及其需求差异，进而以需求为导向来建立公共服务体系。因此，将社会结构的认识纳入数字时代的社会治理是非常重要的，如果说经济发展水平可以通过人们的平均收入来表达，以公平正义为价值追求的社会发展水平则必须通过群体之间的差异和关系来表达，以及通过社会结构来认识，何况数字时代被认为有可能由于数字鸿沟而加剧社会不平等。

其次，对于社会治理，仅仅有宏观的社会结构理念还不足够，社会群体及其满足需求的活动总是在一定的空间中呈现出来的。随着数字时代的到来，这里的空间不再是一个相对简单的物理空间，而是一个虚拟性的网络，这意味着社会群体和社会活动网络空间分布是存在差异的。例如，相对于其他人群，在“哔哩哔哩”（即B站）中活跃的人群主要以年轻人为主，而农村居民在使用抖音的人群中占了较高的比例。因此，作者在这里尝试提出“网络空间社会结构”这一概念，即在数字时代，社会群体及其满足需求的活动在网络空间中存在一定的“区隔”，或者说不同人群同样是在一定的网络空间中呈现出来的。因此，“网络空间社会结构”差异对数字时代的社会治理同样提出了新的要求，即在不同网络空间里，需要回应的群体需求和政府能够提供的公共服务应该采取差异化的方式。比如，有研究就认为随着以抖音、快手为代表的短视频等新媒介在农村社会的盛行，其在发挥积极作用的同时，也带来手机成瘾、“网络化个体主义”等负面影响，因此政府应探索符合农村居民主体性需求的公共文化资源供给模式，引导短视频平台提供优质的视频资源[①]。如果从“网络空间社会结构”视角来看，上述这个研究其实提出了对网络空间进行治理的主张，但类似于这样的主张必须采用一种自下而上的视角，即只有理解了数字技术对农村居民生活方式的重塑，上述主张或许才能够产生一定的效果。

三、需要树立数字时代的风险防范意识

一方面，随着数字网络在乡村社会的逐步普及和使用，人们几乎毫无知觉地进入了一个全新的世界，特别是农村居民在面对网络时风险防范意识和辨别能力较弱，电信和网络诈骗等风险正在慢慢地向他们靠近。另一方面，数字网络给人们提供各种便利的同时，也在不断

[①] 刘天元、王志章：《稀缺、数字赋权与农村文化生活新秩序——基于农村居民热衷观看短视频的田野调查》，载《中国农村观察》，2021年第3期。

威胁着人们的身心健康、社会关系以及基本权利。事实上，已有大量的研究者对此进行了研究，比如有研究者就认为手机依赖是一种成瘾行为，主要是指手机的过度使用对人的身心健康、学习、工作和生活产生负面作用，表现为手机不离身并随时查看，信号或网络中断的失落感和焦虑感,网络和电话交流取代面对面交流等[①]。还有研究者认为，手机依赖是指过度地使用手机而导致手机使用者出现心理和社会功能受损的痴迷状态[②]。像这样的一些研究观点同样可以用来解释我国乡村社会中智能手机的普及性使用给人们心理健康和社会交往等带来的影响。甚至有学者将秩序的破坏和文明的混乱归结于数字化革命[③]，这在一定程度上对我们面对上述问题时具有相应的启发性意义。

毫不夸张地讲，数字技术已经占领了人们的大部分已知世界，包括情感世界。除了对身心健康和社会交往的关注之外，数字技术对乡村社会中人们隐私权利的保护可能更值得忧虑，这不仅是因为农村居民在数字化隐私保护上的意识比较薄弱，而且更为重要的是已经有一些数字公司最大限度地甚至肆无忌惮地窃取人们所有的生活数据，并使用这些数据进行规模不等的商业交易。在类似这样的一些场景中，许多农村居民由于文化程度有限、权利意识薄弱和相关公共保护机制不健全不完善，他们的利益相对更有可能会受到侵害。总之，数字技术无疑是一把“双刃剑”，尤其是对于农村居民而言，数字时代或许需要更多、更全面的公共保护机制，亦需要建立和完善相应的社会规范和制度。

---

① Bianchi, A. , & Phillips, J. G. (2005). Psychological Predictors of Problem Mobile Phone Use. *Cyber Psychology & Behavior*, 8(1)39 - 51.

② Walsh, S. P. , White, K. M. , & Cox, S. (2011). Keeping in constant touch: The predictors of young Australians mobile phone involvement. *Computers in Human Behavior*, 27(1)333-342.

③ 理查德·大卫·普雷希特:《我们的未来——数字社会乌托邦》，张冬译，商务印书馆 2022 年版，第 31 页。

第三章
新业态：数字技术重塑农业生产组织方式

在马克思看来，经济基础决定上层建筑。上层建筑，也可以说是社会，包括社会关系制度和社会结构，其中有政府、家庭、教育以及社会习俗等社会制度。以此来看，乡村社会关系和结构的改变必然始于经济形态或劳动组织方式的改变。因此，若要理解数字技术对乡村社会关系和结构的重塑，就必须对数字时代的经济形态以及劳动组织方式进行全面而深入的考察。反过来讲，只有很好地理解和把握数字时代中的乡村社会关系与结构，才能更好地推动数字乡村建设，才能推动数字赋能乡村振兴。

第一节　数字技术催生乡村经济新形态

一、有关乡村经济数字化的国家政策

在《中共中央、国务院关于实施乡村振兴战略的意见》颁布之后，中央政府相继颁布了诸如《数字乡村发展战略纲要》《数字农业农村发展规划（2019—2025 年）》《数字乡村发展行动计划（2022—2025 年）》

等重要的政策文件。《中共中央、国务院关于实施乡村振兴战略的意见》明确提出要“大力发展数字农业，实施智慧农业林业水利工程，推进物联网试验示范和遥感技术应用”“实施数字乡村战略，做好整体规划设计，加快农村地区宽带网络和第四代移动通信网络覆盖步伐，开发适应‘三农’特点的信息技术、产品、应用和服务，推动远程医疗、远程教育等应用普及，弥合城乡数字鸿沟”等相关要求，这与其他三项国家政策文件共同为我国乡村经济数字化发展描绘了宏伟蓝图和提供了行动性纲领。

（一）加快数字乡村基础设施建设

数字乡村基础设施建设主要从三个方面展开：一是加速乡村网络设施建设。加强基础设施共建共享，加快农村宽带通信网、移动互联网、数字电视网和下一代互联网发展。持续实施电信普遍服务补偿试点工作，支持农村地区宽带网络发展。推进农村地区广播电视基础设施建设和升级改造。二是加快信息终端建设和服务供给。鼓励开发适应“三农”特点的信息终端、技术产品、移动互联网应用软件，推动民族语言音视频技术研发应用。全面实施信息进村入户工程，构建为农综合服务平台。三是加快乡村基础设施数字化转型。加快推动农村地区水利、公路、电力、冷链物流、农业生产加工等基础设施的数字化、智能化转型，推进智慧水利、智慧交通、智能电网、智慧农业、智慧物流建设。

（二）大力发展农村数字经济

发展农村数字经济主要从四个方面展开：一是夯实数字农业基础。完善自然资源遥感监测“一张图”和综合监管平台，对永久基本农田实行动态监测。建设农业农村遥感卫星等天基设施，大力推进北斗卫星导航系统、高分辨率对地观测系统在农业生产中的应用。推进农业农村大数据中心和重要农产品全产业链大数据建设，推动农业农村基础数据整合共享。二是推进农业数字化转型。加快推广云计算、大数据、物联网、人工智能在农业生产经营管理中的运用，促进新一代信息技术与种植业、畜牧业、渔业、农产品加工业全面深度融合应用，打造科技农业、智慧农业、品牌农业。建设智慧农（牧）场，推广精准化农（牧）业作业。三是创新农村流通服务体系。实施“互联网+”农产品出村进城工程，加强农产品加工、包装、冷链、仓储等设施建设。深化乡村邮政和快递网点普及，加快建成一批智慧物流配送中心。深化电子商务进农村综合示范，培育农村电商产品品牌。建设绿色供应链，推广绿色物流。推动人工智能、大数据赋能农村实体店，促进线上线下渠道融合发展。四是积极发展乡村新业态。推动互联网与特色农业深度融合，发展创意农业、认养农业、观光农业、都市农业等新业态，促进游憩休闲、健康养生、创意民宿等新产业发展，规范有序发展乡村共享经济。

（三）不断强化农业农村科技创新供给

一是推动农业装备智能化。促进新一代信息技术与农业装备制造业结合，研制推广农业智能装备。鼓励农机装备行业发展工业互联网，提升农业装备智能化水平。推动信息化与农业装备、农机作业服务和农机管理融合应用。二是优化农业科技信息服务。建设一批新农民新技术创业创新中心，推动产学研用合作。建立农业科技成果转化网络服务体系，支持建设农业技术在线交易市场。完善农业科技信息服务平台，鼓励技术专家在线为农民解决农业生产难题。

除了上述三个方面之外，《数字乡村发展行动计划（2022—2025年）》还从深化农产品电商发展、促进农村消费升级和加快培育农村新业态三个方面来发展农村农业新业态新模式，这为促进我国乡村经济数字化发展提供了强有力的政策支撑和动力。

二、乡村经济数字化发展势头良好

北京大学新农村发展研究院数字乡村项目组在 2022 年 6 月发布了《县域数字乡村指数（2020）研究报告》，在介绍研究背景以及县域数字乡村指标体系等内容的基础上，对我国 2019—2020 年县域数字乡村进展进行了全面而深入的分析。相对而言，该报告是目前国内科研机构针对我国数字乡村建设最为权威的报告之一，因而借此能够很好地说明我国乡村经济数字化发展的基本状况。县域数字乡村指标体系共包括 4 个一级指标，分别是乡村数字基础设施指数（0.27）、乡村经济数字化指数（0.40）、乡村治理数字化指数（0.14）和乡村生活数字化指数（0.19）。从括号内的权重来看，乡村经济数字化指数是 4 个指标中最为重要的指标。为了着重说明我国乡村经济数字化发展水平，我们将 4 个一级指标中的乡村经济数字化指数单独整理出来，具体参见表 3-1。进一步来看，乡村经济数字化指数又包括 4 个二级指标，分别是数字化生产指数（0.40）、数字化供应链指数（0.30）、数字化营销指数（0.20）和数字化金融指数（0.10）。

表 3-1　乡村经济数字化指数指标体系及数据可得性

一级指标	二级指标	具体指标	指数 2018	指数 2019	指数 2020
乡村经济数字化指数	数字化生产指数（0.40）	国家现代农业示范项目建设	2018	2019	2020
		国家新型工业化示范基地建设	2018	2019	2020
		所有行政村中淘宝村占比	2018	2019	2020
	数字化供应链指数（0.30）	每万人所拥有的物流网点数	2018	2019	2020
		每平方公里所拥有的物流网点数		2019	2020
		接收包裹的物流时效	2018	2019	2020
	数字化营销指数（0.20）	每亿元第一产业增加值中农产品电商销售额	2018	2019	2020
		有无直播销售	2018	2019	2020
		是否电子商务进农村综合示范县	2018	2019	2020
		每万人中的网商数	2018	2019	2020
	数字化金融指数（0.10）	普惠金融的数字化进程	2018	2019	2020

（资料来源：北京大学新农村发展研究院数字乡村项目组《县域数字乡村指数（2020）研究报告》，第 4 页。）

从该报告中有关乡村经济数字化的统计结果来看，尽管我国县域乡村经济数字化整体水平较低，且东西部呈现出明显的差异，但发展势头却十分值得关注。从县域乡村经济数字化指数分布看，乡村经济数字化指数值较高的县域主要集中在东部沿海地区，以及少量的中西部的中心区域。统计结果还显示，全国参评县域乡村经济数字化处在高水平、较高水平、中等水平、较低水平和低水平的县域比例分别为7.5%、9.0%、44.7%、37.5% 和 1.3%。分地区看，东部地区 15.9% 和24.5% 的县域乡村经济数字化发展分别处于较高水平和高水平阶段，中部地区上述比例分别为 11.4% 和 4.5%，西部地区上述比例分别为4.7% 和 0.8%，东北地区上述比例分别为 3.6% 和 0.4%。南方地区分别有 11.5% 和 11.0% 的县域乡村经济数字化发展处于较高水平和高水平阶段，北方地区上述比例分别为 7.2% 和 5.0%。

不难发现，乡村经济数字化发展与区域经济发展水平之间基本呈正相关关系。分省来看，县域乡村数字经济平均发展水平位于前五的省份依次是浙江省（78.5）、江苏省（66.5）、福建省（63.0）、广东省（60.4）和河北省（60.0）。而西藏自治区（23.4）、新疆维吾尔自治区（27.3）、青海省（28.6）、内蒙古自治区（34.0）、甘肃省（36.2）等西部省份乡村经济数字化平均发展程度偏低。由 2020 年各省级行政区乡村经济数字化不同发展水平的县域占比图可知，浙江省分别有 18.8%和 50.7% 的参评县域乡村经济数字化发展处于较高水平和高水平阶段，江苏省上述比例分别为 17.5% 和 33.3%，福建省上述比例为 17.8% 和24.7%，广东省上述比例为 15.2% 和 22.2%，河北省上述比例为 16.5%和 22.2%。然而，青海省、甘肃省、内蒙古自治区、新疆维吾尔自治区、西藏自治区等西部省份乡村数字经济发展进入较高水平及以上阶段的比例分别为 2.6%、1.3%、1.1%、1.0% 和 0%，整体发展较为滞后。

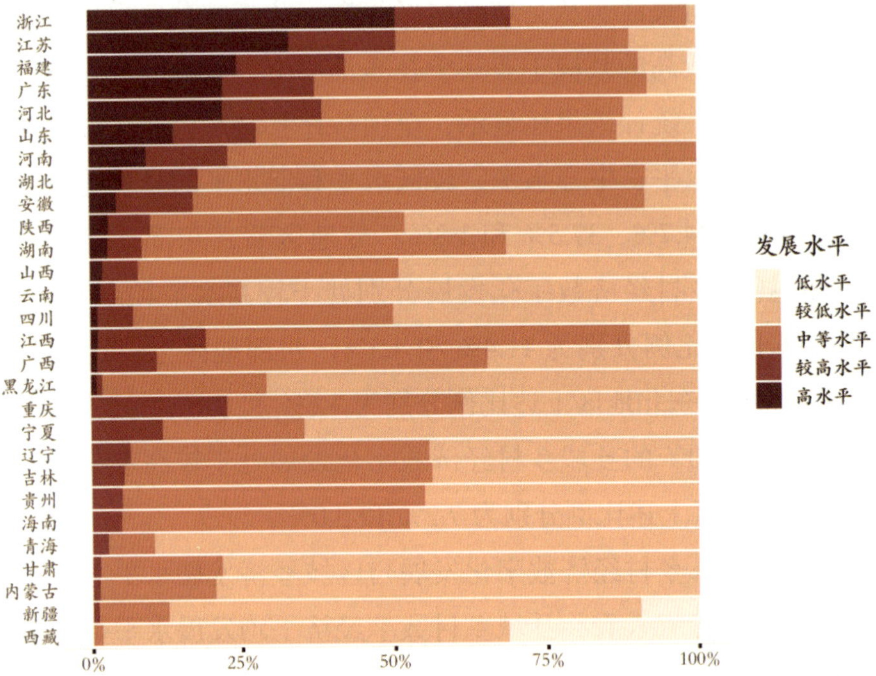

（2020 年各个省级行政区乡村经济数字化不同发展水平的县域占比。资料来源：北京大学新农村发展研究院数字乡村项目组《县域数字乡村指数（2020）研究报告》，第 12 页。）

该报告还向我们展示了乡村经济数字化指数排名前 300 县占各省份参评县的比例分布，入选比例较高的省份分别是江苏（44%）、福建（36%）、河北（32%）、广东（30%）。在中部六省中，河南（17%）、湖北（14%）两省在入选比例中分别排一、二名，而安徽、湖南、山西、江西均至少有 5% 的参评县入选。西部地区除新疆维吾尔自治区、西藏自治区、青海省外均至少有一个县入围乡村经济数字化指数排名前 300 县。

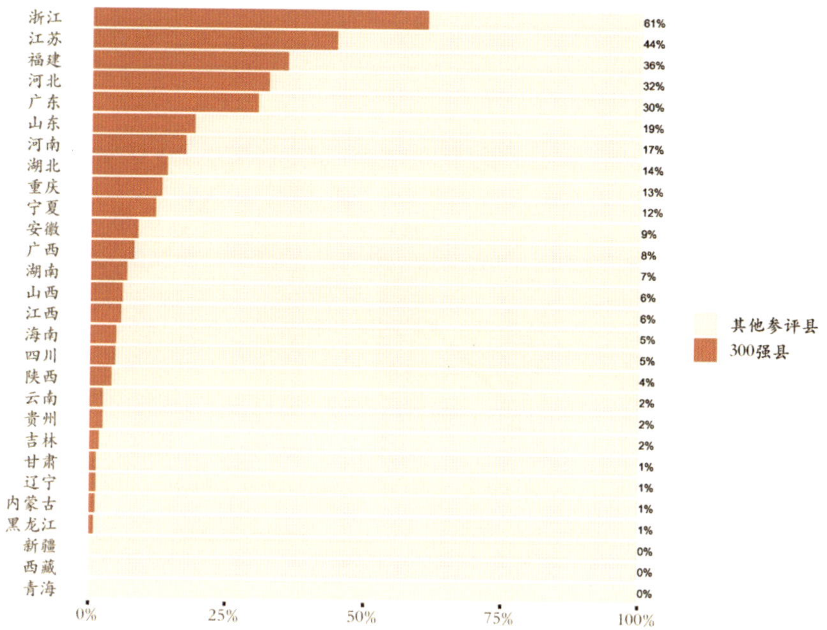

（2020年乡村经济数字化指数排名前300县占该省参评县的比例分布。资料来源：北京大学新农村发展研究院数字乡村项目组《县域数字乡村指数（2020）研究报告》，第13页。）

正如前文所述，尽管我国县域乡村经济数字化发展呈现出明显的东西部差异，但发展势头却十分值得关注。数字技术日益成为提升农业生产效率、提高农业产品附加值、助推农村一二三产业深度融合的重要手段或生产要素。在近些年，农产品电子商务蓬勃发展，实现对832个贫困县全覆盖。仅在2019年，全国农村网络零售额达1.7万亿元，其中农产品网络零售额高达3975亿元，带动300多万贫困农民增收。互联网产业向农业领域延伸，不断催生定制农业、创意农业、认养农业、观光农业、都市农业等新业态、新模式。

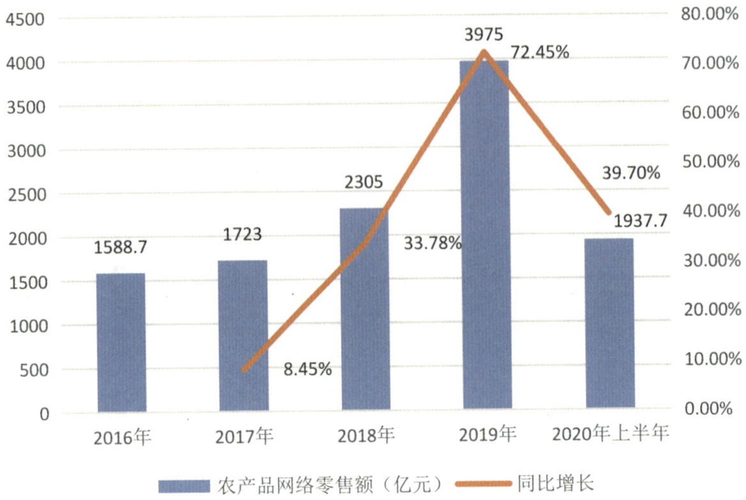

（2016—2020年上半年农产品网络零售交易总额变化情况，资料来源：中华人民共和国商务部。）

三、“半耕半网”成为乡村经济的新形态

在乡村经济数字化相关政策的促动下，随着我国乡村经济数字化的迅速发展，“半耕半网”日益成为我国乡村经济的新形态，其与“半耕半工”小农经济形态共同构成我国当前以及未来的乡村经济形态。

首先，数字平台日益成为人们从事农业生产、交易和获取相关信息的重要手段或渠道。据估计，仅快手平台三农类创作者数量目前大约有1500万人。在过去一年内，从快手平台获得收入的贫困地区用户就多达664万人[①]。《中国淘宝村研究报告（2009—2019）》显示，2018年我国农村网络零售额为1.37万亿元，仅淘宝带动就业机会超过683万个[②]。除此之外，有关部门主要从短视频带动乡村旅游、推动农产品

① 快手大数据研究院:《2021快手生态内容半年报》，第43页。
② 阿里研究院、阿里新乡村研究中心等:《中国淘宝村研究报告（2009—2019）》，2019年8月，第22—23页。

销售、开展助农行动等方面，肯定了其在助推乡村经济发展中的积极作用。总体来看，“半耕半网”作为我国乡村经济的新形态主要有农村电子商务、乡村智慧旅游以及数字化农村创新创业三个大的模块。从家户或个体层面来看，所谓的“半耕半网”就像后文案例中的小王和小文夫妻俩，他们在从事快递业务和电商直播的同时并没有完全弃耕弃农，相反还承包了别人的三十余亩地，主要种植玉米等经济作物。据夫妻俩估算，除掉化肥、水费等非人力投入，每亩地大概会有一千元的收入。需要强调的是，“半耕半网”作为一种新生的乡村经济形态，并不会完全替代小农经济的“半耕半工”。无论是“半耕半网”还是“半耕半工”，“耕”都是农民经济生产的基础，这可以从2011—2020年不同经营规模农户占比变化趋势（表3-2）中得到一定的反映。依此大致可以判断出，至少在过去的十年中小农经济的“半耕半工”仍然占据着主导性地位，这一状况在未来几十年恐怕也不会有大的改变。

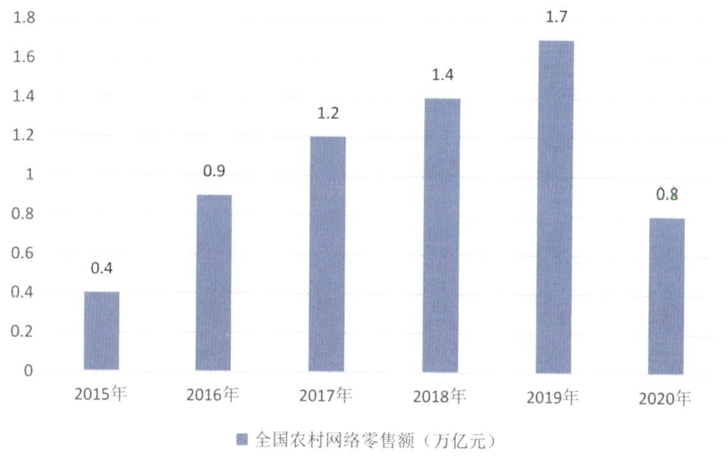

（2015—2020年全国农村网络零售额，资料来源：农业农村信息化专家咨询委员会《中国数字乡村发展报告（2020年）》。）

［典型案例］

“半耕半网”经济形态下家庭经济生产

小王和小文两口子是甘肃省会宁县头寨子镇的农民，在2008年结婚，育有一子一女。在他（她）们结婚前后的两三年，曾在兰州、银川、格尔木等地务工，但在第一个孩子两岁多之后两人决定不再外出务工，而是在镇上做起了小生意，先后经营过服装销售、手机专卖和福利彩票销售等买卖，目前丈夫小王主要从事快递业务，妻子小文除了照顾家庭之外，具有初中文化文凭的她在抖音上带粉丝跳健身操并在休息的时候通过直播带货销售化妆品，据她介绍，现在有粉丝多达47万人。在经济收入来源上，除了快递业务和直播带货之外，夫妻俩还承包了别人的三十余亩地主要种植玉米等农作物。

（资料来源：根据作者2021年暑期在甘肃省会宁县调研资料整理而来。）

其次，“半耕半网”作为一种新兴的乡村经济形态之所以会产生，其背后主要有两个方面的驱动性力量。一是家庭实现其社会功能的内在驱动。家庭作为社会的基本单位，其具有经济生产、生育、教育、抚养和赡养、感情交流等社会功能。显然，经济生产功能虽然具有基础性影响，但这并不是家庭的唯一社会功能。始于20世纪80年代的民工潮，是农民在“种地不赚钱”背景下的一种生计模式的转变，但这也让外出务工家庭付出了一定的代价，主要体现在留守人口问题以及与之相关的一系列问题上。随着时间的推移，人们的观念似乎已发生了重要的转变，赚钱虽然非常重要，但不再是农民家庭的唯一目标，

“与家人在一起”才是他们所期待的生活模样，这应该是很大一部分新生代农民的真实愿望。二是来自国家和市场的外在驱动。正如我们在第一章所表明的那样，我国正在快速迈入数字化时代，且在世界各国当中处于第一方阵，这背后离不开国家政策强有力的推动。

在上述国家政策的倡导下，互联网领域的企业“下乡”为大量的农村人口带来了就业机会。其中具有一定规模的企业项目有阿里云的“人工智能 + 养猪项目”、腾讯的“人工智能 + 温室大棚”、京东的“无人农场”和华为的“5G/AI+ 种养殖”等等。除了这些互联网领域的企业之外，还有不少的物联网企业不断在乡村地区扩展其业务范围，这些企业带来的就业机会更为可观，比如淘宝在 2018 年就给农村带来了超过 683 万个就业机会，再如 2019 年通过美团获得收入的骑手总数达到 399 万人[①]。当然，除了上述两个方面的主要驱动力之外，还有越来越多的社会组织也不断加入乡村振兴以及数字乡村建设的大队伍中。因此，总体来看，“半耕半网”这一新兴乡村经济形态是国家、市场和社会三股力量共同促进的结果，但相对而言，国家和市场在其中扮演着主导者的角色，发挥的作用更为明显。

表 3-2　2011—2020 年不同经营规模农户占比变化趋势（%）

年份	少于 10 亩	10~30 亩	30~50 亩	50~100 亩	100~200 亩	多于 200 亩
2011	85.9	10.7	2.3	0.8	0.2	0.1
2012	86.1	10.5	2.3	0.8	0.2	0.1
2013	86.0	10.3	2.4	0.9	0.2	0.1
2014	85.9	10.2	2.6	0.9	0.3	0.1
2015	85.7	10.3	2.6	0.9	0.3	0.1

① 美团研究院:《从数字生活到数字社会：美团年度观察 2020》，中国发展出版社 2020 年版，第 68—69 页。

续表

年份	少于10亩	10~30亩	30~50亩	50~100亩	100~200亩	多于200亩
2016	85.5	10.5	2.6	0.9	0.3	0.1
2017	85.5	10.6	2.7	1.0	0.3	0.2
2018	85.3	10.5	2.7	1.0	0.4	0.2
2019	85.2	10.7	2.5	1.0	0.4	0.2
2020	85.1	10.7	2.6	1.1	0.4	0.2

（资料来源：农业农村部《农村经营管理情况统计总报告》。）

第二节　数字技术对农业生产和劳动形态的改变

农业生产是指种植农作物的生产活动，包括粮、棉、油、麻、丝、茶、糖、菜、烟、果、药、杂（指其他经济作物、绿肥作物、饲养作物和其他农作物）等农作物的生产。农业生产具有地域性、季节性和周期性等特征。土地、劳动力和资本是传统劳动生产的基本要素，但随着数字时代的来临，数据日益成为一种新的甚至被认为是关键的生产要素。农业生产是人类经济活动的重要组成部分，而经济活动又包括生产、交换、分配和消费四个环节。总体来看，随着数据日益成为数字经济时代的关键生产要素[①]，数字化正在对农业生产和劳动形态产生着前所未有的重塑性影响，进而对社会关系和结构带来新的改变。

一、数据日益成为一种生产要素

相对于土地、劳动力和资本这三个生产要素而言，数据本身作为

① 白永秀、李嘉雯、王泽润:《数据要素：特征、作用机理与高质量发展》，载《电子政务》，2022年第6期。

生产要素，在农业生产中具有两个主要功能。

首先，对于农业劳动者个体而言，数据不仅是了解和掌握农产品需求的重要工具，也是农民获得务工需求信息的媒介。在现代化农业生产和交易中要获知消费者或潜在消费者的需求，数据显得愈发重要，这甚至成为一些电商企业用于获利的要素。比如，虽然一些生鲜农产品经营基本处于“亏本”状态，但一些企业仍然不遗余力地进行投资，其中的一个重要原因就是企业试图通过交易来获得不断升值的大数据。也就是说，数据本身就是一种越来越赚钱的工具。因此，在日益复杂的市场交易中，获得更准确的匹配商品与消费偏好的能力是数字时代对农业生产者和交易商提出的新要求。为了更好地为农业生产者做好需求对接服务，我国正在着力打造全国农产品产销对接公益服务平台，强化与关联电商、企业的联系。据不完全统计，2020 年海南、广西、云南、湖北等 20 个省份组织开展了线上推介活动，采用多种渠道促进了产销精准对接[①]。此外，我们在实地调查中发现，利用微信等获取和发布务工信息是一个十分普遍的现象。比如，甘肃省靖远县由于靠近以“宁夏红”枸杞种植著称的宁夏回族自治区，该县的一些农户在近十年也会种植枸杞这一经济作物，但枸杞在成熟之后采摘期比较短，因而需要大量的劳动力，种植大户会通过微信群和朋友圈发布用工信息，这些信息甚至还会扩散到临近村庄的人群中，因而很好地解决了用工信息不对称问题，这也为那些平时想打零工的农民提供了有效信息。

其次，对于整体市场而言，数据是提升市场效率的“利器”。数据不仅具有拓展协调农产品市场的能力，而且能够提升市场经济的匹配效率。也正是这样，我国农业农村大数据平台主要从建立国家和省级农业农村大数据中心、构建农业大数据采集和应用体系、开展大数据

① 农业农村信息化专家咨询委员会:《中国数字乡村发展报告（2020 年）》，2020 年 11 月，第 48 页。

试点这三个方面来具体推进。我国农业农村大数据平台的建设和逐步完善，将会给农业农村经济发展带来革命性的改变，也将成为提升农产品市场效益的利器。

[典型案例]

数据种瓜，十万人不愁啥

普通“吃瓜群众”不知道的是,全国每10个精品大棚西瓜，7个是浙江省台州市黄岩区人种的。更多人不知道的是,这份“甜蜜事业”风险重重。风餐露宿不说，选址不对、病害威胁、台风侵扰、资金链条断裂、销售渠道不畅，任何一个环节出现问题都足以让瓜农破产。

“种瓜最难的是选址，最怕的是天灾，最愁的是卖不掉。”瓜农何智禹说。

作为瓜农的“娘家人”,黄岩区委、区政府创设了“瓜农天下”应用场景，为外出瓜农、种瓜基地提供多元服务，帮助包括瓜农在内的10余万农民避险增收。

黄岩区首先从建立数据仓入手，整合7个部门、21大类、67个细项的有用信息,构建出一套瓜农“可用”“能用”“有用”的数据资源体系。

黄岩区副区长夏曦介绍，黄岩区整合对接省、市两级公共数据平台、农业农村原有系统、瓜农协会“帮农宝”等数据平台，形成瓜农基础信息、种植技术、土壤、市场行情、技术培训、病虫害信息等六大数据库，破解政府部门、行业协会、瓜农主体之间信息不对称难题。

哪些是瓜农最关心、最忧心的事？黄岩区梳理瓜农需求清单，明确4类16项具体需求，为瓜农对接政府部门、金融机构、行业协会、第三方服务机构等资源。

走进黄岩区灵华种子有限公司，工人正在对瓜苗进行扦插作业。得益于“瓜农天下”应用场景，该公司今年接到的订单同比增加20%，达到600万株。总经理陈令华说，这些秧苗将发往福建、云南、贵州、四川、上海等地。

比如选址，“瓜农天下”里的“智能选址”由中科院南京土壤研究所等机构提供数据，从积温、积雨、土质、pH值、气象灾害等维度对各地产区综合评级。同时，能够显示该产区租金预算、矛盾纠纷发生率、相关配套设施等参数，最终得出“选址推荐指数”。此外，还定期更新土地流转信息，全国有哪些土地出租一目了然。

目前，“瓜农天下”成为瓜农离不开的掌上应用。瓜农通过该应用，实现农资购买“一站配送”，技术支持“一键到户”，品牌建设“一体推广”。

2021年9月，黄岩本地瓜农郑敏在内蒙古赤峰市遇到西瓜大棚租赁纠纷，通过平台维权快速通道申请援助后，黄岩区农业农村局、司法局、律师事务所等迅速开展协调，提供定制化建议，稳妥化解了纠纷。

黄岩区委书记包顺富表示，黄岩区将坚持“大场景、小切口、快应用、大牵引”原则，将“瓜农天下”场景打造成当地高质量发展建设共同富裕示范区、数字化改革的重要成果。

据介绍，“瓜农天下”目前已成功链接国内48个优质瓜类生产基地，目标是打造全国大棚西瓜产业大脑。

（资料来源：《半月谈》，2022年第4期。）

二、数字化对农业生产和农产品流通的改变

数字化对经济活动的基本环节即生产、交换、分配和消费均带来了不同程度的影响，这里主要就前两个环节进行相应的讨论。

首先，数字化带来了平台经济这一新的且富有活力的经济形态。从组织层面来看，平台经济主要包括生产和销售两个平台型组织，其将过去的“集中生产,分散销售”转变为现在的“分散生产,集中销售”，从而大大节约了交易成本。平台经济之所以能够实现有效运转，信息在其中扮演了至关重要的角色，即通过即时收集需求信息，再将需求信息进行汇总、分包和传递给生产者以及流通者，进而实现了需求方与生产者的联系，这不仅实现了商品内容的拓展，还能够在空间上无限延伸。“兴盛优选”是湖南省被估值超过 10 亿美金的一家互联网新零售平台，其主要定位是解决家庭消费者的日常需求，包括蔬菜水果、肉禽水产、米面粮油、日用百货等全品类精选商品。兴盛优选业务已辐射湖南、湖北、广东、江西、四川、重庆、陕西、贵州、河南、广西、福建、河北、山东、江苏和安徽等 15 个省级行政区，6500 多个乡镇，5 万多个村庄。其基本运营模式是依托社区实体便利店，通过“预售 + 自提”的模式为用户提供服务。随着数字时代的来临，即便是较为偏远的农村地区，也逐渐被平台经济覆盖。

其次，数字化还很好地解决了农业生产和流通中消费者不信任等难题。与其他类型的产品不同，农产品被称为具有“生命”的产品，这使得在消费者、生产者和销售者之间建立必要的信任一直是一个难题，进而导致交易成本一直居高不下，但这一问题随着区块链技术的开发和应用得到了很好的解决。像“兴盛优选”这样的电商平台，消费者可以直接在该平台 App 上查询到所购买商品的生产方、流通商等信息。长沙市的周女士是“兴盛优选”的忠实用户，她认为这个平台

上的商品不仅便宜，而且特别方便、靠谱，用她的话来说就是“看得清楚、买得明白、用得放心”。作为上班族，她平时也没时间去逛菜市场，闲下来的时候通过手机点单，下班后就可以去自提点提货，有时候小区自提点的负责人还会送货上门。如果买到的蔬菜、水果有坏的或有明显的疤痕，只要拍照给小区自提点负责人就可以在第二天更换或退货。另外，目前农业农村部正在全面推广应用国家农产品质量安全追溯管理信息平台，配套建成了指挥调度中心、移动专用 App、监管追溯门户网站、国家追溯平台官方微信公众号等，这可以说是解决消费者不信任问题的“利器”。相关数据显示，截至 2020 年 7 月初，国家追溯平台共有 9.41 万家生产经营主体，产品种类 981 个，企业上传数据量达 11.3 万条[①]。

三、数字化对农业劳动形态的改变

伴随着乡村社会数字化转型，农民在农产品生产以及市场交易中的工作角色、内容和方式也发生了深刻的变化。首先，直播带货业已成为一种新兴的劳动形态。随着互联网和物联网的迅猛发展，通过直播带货销售农产品、推介旅游资源以及其他创新创业活动日益成为一种潮流，像前面提到的小文就是数以万计农村电商中的一员。据统计，在 2019 年 6 月至 2020 年 6 月，仅在快手这一平台获得收入的用户数多达 2570 万，其中来自贫困地区的用户数为 664 万[②]。特别是在相关国家政策的促动下，直播带货作为一种机器与劳动者结合的劳动形态或许还会迎来新的发展高潮。其次，数字技术不仅带动了无人机在农业生产领域的应用，而且将人工智能引入养殖、种植的例子也越来越常见。根据北京大学中国农业政策研究中心的研究成果，自 2017 年开始，我

① 农业农村信息化专家咨询委员会：《中国数字乡村发展报告（2020 年）》，2020 年 11 月，第 57 页。
② 快手大数据研究院：《2020 快手生态内容半年报》，第 13 页。

国共有 6 个省自主开展无人机补贴试点，主要面向农业生产经营组织，这带来了无人机在植保领域的加速普及，截至 2020 年，农业无人机销售 1.53 万架，植保无人机保有量超 10 万架，作业面积也呈现出显著增长的趋势。从植保无人机功能拓展来看，植保对象由大田作物向经济作物延伸，功能由单纯植保向播种、施肥等领域延伸。从相关企业提供的数据来看，植保无人机在提高植保作业的精准性、节约农药和化肥以及减少劳动力投入等方面都具有一定的积极作用。

在 2021 年，无人机植保补贴进入国家农机购置补贴目录，这更加会带来植保无人机在农业生产领域的推动使用。2021 年 11 月，我们在湘潭县柳桥村调研期间，就看到一位年轻人正在使用手机操作无人机给田地里的橘子树喷洒农药。此外，像智能可控放风机和智能饮水系统等分别在大棚种植和养殖领域得到了一定的推广使用，这不仅提高了作业的精准性，而且减轻了种植户和养殖户的劳动负担，但这些智能化设备的使用不仅成本高，而且只有少数数字素养高的农民在项目支持下使用，因而可推广性还是比较有限。数字化还为灵活用工和灵活工作带来了极大的便利。正如前面提到的甘肃省靖远县一些枸杞种植户通过微信群或朋友圈发布用工信息，这也为那些平时打零工的农民提供了用工信息。即便是那些进城务工的农民工也不再像过去那样“蹲马路”来找工作了，而更多的是借助老乡、熟人和朋友的微信群或朋友圈等更加便捷的渠道来搜寻工作信息。总之，数字技术使工作技能与工作需求实现了高效的数字化匹配，也使零散的个人工作能够较好地嵌入农业生产活动之中。

第三节　乡村经济数字化发展的制约瓶颈和挑战

我国乡村经济数字化的不断发展，推动乡村经济形态发生了重要变化，“半耕半网”和“半耕半工”逐渐成为我国乡村经济的基本形态，这又对乡村数字经济发展带来了新的挑战。或者说，随着数字技术对乡村社会关系和结构的重塑，我国乡村经济数字化发展在当前需要突破一些制约瓶颈。

一、数字素养与数字鸿沟

（一）农民的数字素养有待提高

乡村数字经济发展在很大程度上依赖于农业劳动力的数字素养，而数字素养又是以受教育程度为基础的。我国农业劳动力的受教育程度在整体上偏低，这在很大程度上难以满足乡村数字经济发展的需求。首先，从行业分组来看，我国农业劳动力受教育程度明显低于其他行业，与其他行业相比处于垫底水平。表 3-3 向我们展示了 2019 年按行业分组我国就业人员受教育程度的分布情况，从中可以看出，我国农、林、牧、渔行业的劳动力受教育程度以初中及以下为主，其占比高达 92.1%，高中或中职占比为 6.8%，大专及以上的占比仅为 1.1%。其次，与全球一些发达国家对比来看，我国农民受教育程度整体明显偏低。在 2016 年，我国农民受教育程度初中及以下的占比为 91.8%，即便是与最接近的荷兰相比，我国农民受教育程度在这组占比上仍然高出荷兰 58.1%；从农民受教育程度大专及以上这一水平来看，美国的占比高达 34.2%，而我国仅为 1.2%。总之，无论是从行业分组来看还是与世界上几个发达国家相比，我国农业从业人员的受教育程度都在整体上处于明显的偏低位置，这是影响我国农业劳动力数字素养提升的关键性因素，因而是我国乡村经济数字化发展在短期内无法突破的最大瓶颈。

表 3-3　2019 年按行业分组我国就业人员中受教育程度占比（%）

行业	大专及以上	高中或中职	初中及以下
全部行业	22.8	18.7	58.5
教育	74.4	14	11.6
科学研究和技术服务业	73.2	15.7	11.1
信息传输、软件、和信息技术服务业	70.5	18.3	11.2
金融业	70.3	19.2	10.5
卫生和社会工作	68.5	19.7	11.8
公共管理、社会保障和社会组织	65.9	19.5	14.6
租赁和商务服务业	47.6	23.8	28.6
文化、体育和娱乐业	46.2	24.9	28.9
电力、热力、燃气及水生产和供应	44.8	24.7	30.5
房地产业	38.9	28.6	32.5
采矿业	26.6	25.1	48.3
水利、环境和公共设施管理业	24.6	18.7	56.7
批发和零售业	20.7	28.9	50.4
交通运输、仓储和邮政业	18.8	26.2	55
制造业	17.3	22.1	60.6
居民服务、修理和其他服务业	12.7	24.8	62.5
建筑业	11	14.9	74.1
住宿和餐饮业	10.1	24.3	65.6
农、林、牧、渔业	1.1	6.8	92.1

（资料来源：黄季焜《数字技术促进乡村建设：机遇、挑战和发展思路》。）

根据中央网信办、教育部、工信部、人力资源和社会保障部联合印发的《2022 年提升全民数字素养与技能工作要点》，所谓数字素养是指数字社会中人们学习工作生活应具备的数字获取、制作、使用、评价、交互、分享、创新、安全保障、伦理道德等一系列素质与能力的集合。数字素养的内涵主要包括数字获取、数字交流、数字创建、数字消费、数字安全、数字伦理、数字规范、数字健康等 8 个方面的内容。随着数字时代的来临，尤其是数字技术对乡村社会关系和结构的重塑，数字技术不仅会影响到人们生活生产的方方面面，而且对人们的数字素养提出了更高的要求。因此，一方面，伴随着乡村数字经济的不断发展壮大，数字人才规模需求将会不断扩大，乡村数字经济领域将会吸纳更多的农村劳动力，这就意味着不断提升农民的数字素养与技能越来越是一种社会需求。另一方面，数字素养越来越是数字时代人们必备的生存技能，这就对建设数字素养终身学习教育平台和培训体系提出了相应的要求。

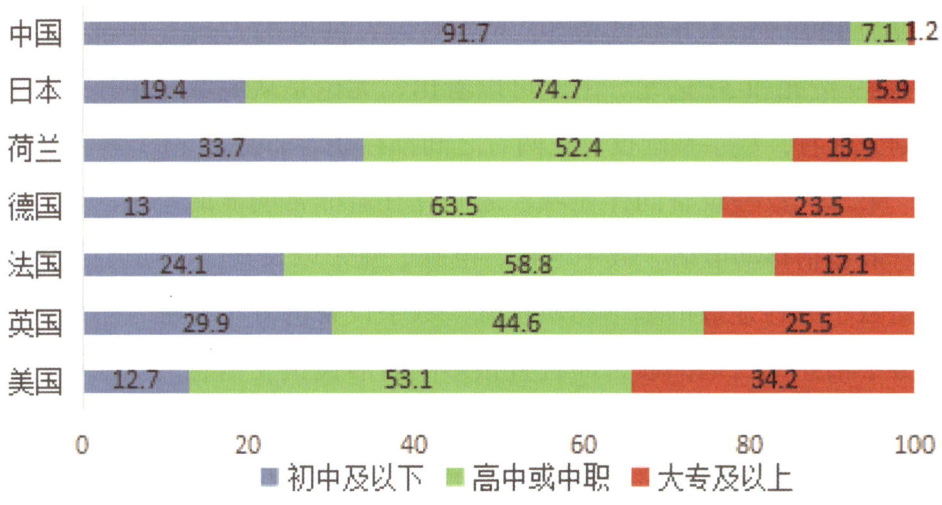

（2016 年各国农民教育程度百分比，资料来源：黄季焜《数字技术促进乡村建设：机遇、挑战和发展思路》。）

（二）数字鸿沟有待进一步填平

所谓数字鸿沟，一般是指给定社会中不同社会群体对互联网在接入和使用上的差异。或者说，数字鸿沟的发展主要有两个阶段，即接入机会差异导致的数字鸿沟和因使用互联网的差异以及由此产生的后果。从城乡关系的角度来看，我国数字乡村建设语境下的数字鸿沟主要体现在数字基础投资、数字设备、数字消费水平和数字素养等四个方面。

第一，在数字基础投资方面，尽管我国在近些年一直在加大对农村地区的投资，但城乡差距依然比较明显。数字基础的投资力度是决定数字经济发展的原动力，也影响着数字技术颠覆性革新的实际效果。一般而言，数字基础投资差距是指不同地区的信息技术和设备投资占比所凸显的非均衡化发展的现象。根据《中国信息统计年鉴》和《2019全国县域数字农业农村发展水平评价报告》（本章以下简称《报告》），截至2018年，中国城镇信息预算支出为5126.6亿元，而农村预算支出额仅为129亿元；分地域来看，东部县域农村为53亿元，中部、西部各为39亿元和37亿元。由此可以看出，无论是从地域分布还是从城乡划分来看，数字基础投资在两者之间都存在着非常明显的差距。

第二，数字设备同样在城乡之间存在着非常明显的差距。数字设备一般包括移动电话、数字电视、电脑、宽带以及其他移动通信设备，这是数字乡村建设的基本物质基础。数字设备的分布与融合不仅决定着数字信息的传播品质，而且直接影响着居民接受信息的及时性、真实性与可靠性。根据《报告》统计，农村电脑、数字电视接入人数分别占农村总人口的19%和14.9%，远不及农村人口占全国总人口的比重（40.4%）。另外，即便是农村数字设施数量可观，也会受到山区地形复杂、交通路线闭环等影响，不仅会降低网络信息传输速率和效果，而且会影响到网络信息的传播深度和广度。

第三，不同区域在数字消费水平上存在着明显的差距。所谓数字消费，简单地讲就是一个从数字信息获取主体的物质条件和信息设备价格水平的角度来衡量数字鸿沟的指标。一般而言，数字消费水平与人们的收入水平直接挂钩。截至2018年，全国县域农村居民人均电信消费额度仅为507.53元，占农村人均可支配收入的2.2%；从地区分布来看，东部农村地区人均消费最多，为680元，而中部农村地区最少，仅为419元[①]。因此，在收入水平和信息化服务价格水平的综合影响下，人们在数字消费水平上同样存在非常明显的城乡和地区差距。

第四，人们的数字素养或数字能力亦在不同区域之间存在着较为明显的差距。个体是数字信息资源的使用者和管理者，一般而言，其对信息的检索、利用以及再加工能力越强，越有利于个体创造更多更有效的价值，反之则可能会加深数字鸿沟。数字素养一般包括认知能力和应用能力两个面向，其同样受个体教育程度、收入水平和年龄等人口学特征的影响。据《报告》统计，我国农村网民规模为2.55亿，占网民总数的28.2%，这远不及农村人口占总人口的比重（40.4%）。另据《农村互联网发展状况研究报告》，截至2015年12月，农村网民在网络购物、网络支付、网络文学、旅行预订方面的使用频率与城镇居民分别相差17.8%、17.8%、7.7%和19.2%。

二、一些新的社会规范有待建立和完善

（一）对网络行为需要进一步规范

在当前，数字技术可以说是无处不在、无时不在，其不仅对人们社会生活的发展和变迁起着非常重要的作用，而且对经济生产的影响

① 农业农村部信息中心：《2019全国县域数字农业农村发展水平评价报告》，2019年4月20日。

可谓举足轻重。从衣食住行到生产经营，数字技术为人们提供便利的手段；从获取信息到生活娱乐，数字技术为人们创造了更多媒介选择的可能；从扶贫、教育到医疗养老，数字技术为追求美好生活提供了更为广阔的平台。随着数字技术对人们生活习惯、认知方式、互动模式和资源分配的影响甚至改变，基于数字技术生成了新的社会空间，并不断冲击着现有的社会秩序和规范。

相对于现实社会而言，网络空间中人们的行为更具有隐蔽性和不可观察性，这使得既有的社会规范难以对一些网络行为形成有效性约束。针对上述情况，有关部门提出了相应的指导意见或对策。比如，《数字乡村发展行动计划（2022—2025 年）》就提出要“引导电商平台规范有序开拓电商分销渠道，用好社交电商、直播电商等新模式”，“规范互联网宗教信息服务，通过网络在农村地区开展涉及宗教的法律法规和政策的宣传普及工作。遏制不良网络信息在农村传播，加强农村少年儿童不良信息防范教育”。《中共中央、国务院关于做好 2022 年全面推进乡村振兴重点工作的意见》提出“促进农副产品直播带货规范健康发展”的指导意见。中央网络安全和信息化委员会印发的《提升全民数字素养与技能行动纲要》，分别从三个方面提出了相应的思路：一是引导全民依法规范上网用网。坚持依法管网、依法办网、依法上网，加强网络空间生态治理，规范网络传播秩序。积极开展网络普法，增强网民法律意识和法治思维，加强网民自律，引导广大网民自觉抵制网络不良信息和不法行为。二是提高全民网络文明素养。建立完善网络文明规范，普及网络文明观念，发展积极健康的网络文化，进一步完善政府、学校、家庭、社会相结合的网络文明素养教育机制，不断提升青少年网络素养，引导其健康合理使用数字产品和服务，推动全社会形成文明办网、文明用网、文明上网、文明兴网的共识。三是强化全民数字道德伦理规范。加强道德示范引领，深化网络诚信建设。

各级政府、科研院所、行业组织、企业、线上社区等各方力量主动作为，督促数字技术和产品开发人员遵守职业道德和准则。加强人工智能技术治理，发展负责任的人工智能。提高全民数字获取、制作、使用、交互、分享、创新等过程中的道德伦理意识，引导全民遵守数字社会规则，形成良好行为规范。总而言之，中央政府以及相关职能部门提出了旨在规范网络行为的指导意见，这本身就说明随着网络空间逐步崛起，其不仅成为广大网民另一个重要的社会空间，而且对其进行相应的规范和约束正在变得日益重要。

（二）农民权益保护应提上议事日程

数字技术的发展以及由此不断生成的社会生活空间冲击着既有的社会秩序和规范，农民权益保护日益变得十分必要。一方面，相对于高度组织化和理性化的互联网企业而言，农民不仅组织化程度比较低，而且更注重眼前利益而轻视长远规划。或者说，在强大和高度组织化的资本市场面前，农民相对是“弱者”，这就需要来自公共组织更多的保护。另一方面，在“数商兴农”中还需要为农民争取更多的利益。北京大学中国农业政策研究中心 2022 年 1 月在全国 5 个省级行政区分层随机抽样的调查数据显示，只有 0.7% 农民有在网上销售农产品，仅占农产品总销售量的 0.3%；广大农民卖给批发商和电商主体的价格几乎没有差别。因此，尽管 2022 年中央一号文件首次提出要实施“数商兴农”工程，但要真正实现“兴农”（农业和农民）可谓任重而道远。

此外，一个必须承认的客观事实就是既有的社会规范无力约束新兴的数字技术行为，这可能会带来所谓的“技术作恶”，尤其是农民受制于自身受教育程度较低、防范意识较弱等条件的影响，他们更容易将自己暴露在一些技术行为当中，这无疑会增加权益受损的可能性。比如，2022 年 4 月的河南村镇银行事件虽然从本质上来讲是一起金融风险事件，但实际上与互联网平台不无相关。据《三联生活周刊》介绍，“村镇银行这个处在金融系统末梢环节、定位于服务三农的小型金融机构，早已在互联网平台的加持下，从县域走向全国。最终，在薄弱的监管之下，酿成一场全国性的危机”。究其原因，我们认为除了政府监管相对薄弱之外，也与储户对网络平台风险辨别能力不足有关。事实上，涉事村镇银行的储户大多数为农民群体，在使用手机银行以及由涉事银行自主开发的小程序时缺乏应有的风险识别意识和能力。这起典型的“技术作恶”或“数字伤农”事件，为我们对数字时代的农民权益保护敲响了警钟，需要我们引以为戒。

三、一些新的社会需求不断出现

数字技术及其所促动的数字经济发展，在很大程度上加速了社会成员在不同职业、不同阶层、不同地域间之间的流动，这不仅意味着一些新兴社会阶层的崛起，还意味着社会结构的变动。换言之，数字技术正在对社会结构产生重塑性影响。来自快手的数据显示，2021 年三农视频创作者数量增加了 60%，类似这样的数字产业和经济形态不仅改变着人们的职业类型，而且还会因此而带来新一轮的人口迁徙，比如，数字经济可能会进一步促动农民工“回流”，甚至还有可能因此而加速“逆城市化”。总之，数字技术对乡村社会关系和社会结构的重塑，必然会刺激出一些新的社会需求。

一般而言，一个社会结构的变化必然代表着相应社会需求的变化。所谓社会需求，在狭义层面可以将其理解为一种有别于生物、生理或物质的需求，其通常指个人期望隶属于社会或被社会接纳赞赏，其中包括人际关系、社会声望与社会地位等。从广义层面来讲，社会需求也泛指因社会结构变动以及社会变迁等而带来的需求类型、需求程度变化等。首先，从需求类型来看，在数字技术对乡村社会关系和结构不断重塑的作用下，人们不仅对数字基础设施的类型、质量和效率等提出了更高的要求，而且对提升自身数字素养与技能也有了更迫切和更旺盛的需求。其次，随着数字乡村建设的逐步推进和乡村数字经济的发展，返乡的人员应该会逐渐增多，这意味着返乡人员与留守村民之间人际关系的处理以及他们如何获得相应的社会地位都是一些值得关注的问题。最后，我们在一些社会调查中发现，随着返乡人员的到来，他们不仅产生了社会交往、社会认同的需求，还提出了居住等方面的需求。比如，广东省云浮市的一些乡贤在返乡之后，参与了村庄建设，他们中的一些人提出了居住的要求，但由于他们迁居城镇多年，失去了宅基地而无法建房，当地政府的一个做法就是在尊重村民意见的前提下修建了“农民公寓”，以满足这些返乡乡贤的居住需求。总之，数字技术对乡村社会关系和结构的重塑，必将产生诸如上述的一些社会需求，因而是数字时代乡村社会治理值得关注的问题。

第四章

新使命：借势数字技术助力乡村振兴战略

党的十八大以来，党中央、国务院高度重视数字农业农村建设，做出实施乡村振兴战略、大数据战略和数字乡村战略，大力推进“互联网+”现代农业等一系列重大部署安排。随着时间的推移和各地实践探索的不断发展，数字乡村建设日益成为各地实施乡村振兴战略的重要内容和基本抓手。从社会学的学科视角来看，这就需要在准确把握党和国家有关政策的基础上，深入理解数字技术对乡村社会关系和结构的重塑以及这一过程对乡村振兴战略实施的影响，切实借助数字技术努力推动乡村振兴战略的实施。

第一节　正确把握有关乡村振兴的政策

一、乡村振兴战略的提出

乡村振兴战略是 2017 年 10 月 18 日党的十九大报告中提出的七大战略[①]之一。党的十九大报告围绕乡村振兴战略明确指出，农业农村农

① 七大战略分别是：科教兴国战略、人才强国战略、创新驱动发展战略、乡村振兴战略、区域协调发展战略、可持续发展战略和军民融合发展战略。

民问题是关系国计民生的根本性问题，必须始终把解决好“三农”问题作为全党工作重中之重。要坚持农业农村优先发展，按照产业兴旺、生态宜居、乡风文明、治理有效、生活富裕的总要求，建立健全城乡融合发展体制机制和政策体系，加快推进农业农村现代化。巩固和完善农村基本经营制度，深化农村土地制度改革，完善承包地“三权”分置制度。保持土地承包关系稳定并长久不变，第二轮土地承包到期后再延长三十年。深化农村集体产权制度改革，保障农民财产权益，壮大集体经济。确保国家粮食安全，把中国人的饭碗牢牢端在自己手中。构建现代农业产业体系、生产体系、经营体系，完善农业支持保护制度，发展多种形式适度规模经营，培育新型农业经营主体，健全农业社会化服务体系，实现小农户和现代农业发展有机衔接。促进农村一、二、三产业融合发展，支持和鼓励农民就业创业，拓宽增收渠道。加强农村基层基础工作，健全自治、法治、德治相结合的乡村治理体系。培养造就一支懂农业、爱农村、爱农民的“三农”工作队伍。

实施乡村振兴战略，是党的十九大做出的重大决策部署，是决战全面建成小康社会、全面建设社会主义现代化国家的重大历史任务，是新时代“三农”工作的总抓手。乡村振兴战略坚持农业农村优先发展，目标是按照“产业兴旺、生态宜居、乡风文明、治理有效、生活富裕”的二十字总要求，建立健全城乡融合发展体制机制和政策体系，加快推进农业农村现代化。乡村振兴战略分为七大内容：一是重塑城乡关系，走城乡融合发展之路。二是巩固和完善农村基本经营制度，走共同富裕之路。三是深化农业供给侧结构性改革，走质量兴农之路。四是坚持人与自然和谐共生，走乡村绿色发展之路。五是传承发展提升农耕文明，走乡村文化兴盛之路。六是创新乡村治理体系，走乡村善治之路。七是打好精准脱贫攻坚战，走中国特色减贫之路。总之，党的十九大报告不仅深刻阐述了实施乡村振兴战略的重大意义，而且提出了乡村振兴战略的总体要求和基本内容，这为数字时代加快推进农业农村现代化指明了方向、提出了要求、明确了重点。

二、有关数字乡村建设的政策

为贯彻落实《中共中央、国务院关于实施乡村振兴战略的意见》《乡村振兴战略规划（2018—2022 年）》《国家信息化发展战略纲要》，中共中央、国务院以及其他相关部门又相继颁布了《数字乡村发展战略纲要》《中共中央、国务院关于抓好“三农”领域重点工作确保如期实现全面小康的意见》《数字农业农村发展规划（2019—2025 年）》《中共中央、国务院关于全面推进乡村振兴加快农业农村现代化的意见》《数字乡村发展行动计划（2022—2025 年）》《中共中央、国务院关于做好 2022 年全面推进乡村振兴重点工作的意见》等政策。其中，与数字乡村建设紧密相关的主要有《数字乡村发展战略纲要》《数字农业农村发展规划（2019—2025 年）》《数字乡村发展行动计划（2022—2025 年）》。

《数字乡村发展战略纲要》提出了十项重点任务：加快乡村信息基础设施建设、发展农村数字经济、强化农业农村科技创新供给、建设智慧绿色乡村、繁荣发展乡村网络文化、推进乡村治理能力现代化、深化信息惠民服务、激发乡村振兴内生动力、推动网络扶贫向纵深发展和统筹推动城乡信息化融合发展。其中，就发展农村数字经济而言，《数字乡村发展战略纲要》提出主要从夯实数字农业基础、推进农业数字化转型、创新农村流通服务体系和积极发展乡村新业态四个方面着力推进。

《数字农业农村发展规划（2019—2025 年）》在介绍发展形势和总体思路的基础上，提出了构建基础数据资源体系、加快生产经营数字化改造、推进管理服务数字化转型、强化关键技术装备创新和加强重大工程设施建设共五个方面的重大任务，并提出了如下发展目标：到2025年,数字农业农村建设取得重要进展,有力支撑数字乡村战略实施。农业农村数据采集体系建立健全，天空地一体化观测网络、农业农村基础数据资源体系、农业农村云平台基本建成。数字技术与农业产业体系、生产体系、经营体系加快融合，农业生产经营数字化转型取得明显进展,管理服务数字化水平明显提升,农业数字经济比重大幅提升,乡村数字治理体系日趋完善。不难看出，该文件所确立的发展目标和五大主要任务均旨在为数字乡村战略实施提供有力支撑。

《数字乡村发展行动计划（2022—2025年）》在阐述指导思想、基本原则和行动目标的基础上，提出了数字乡村发展的八大行动计划。其中，确立了阶段性进展和重要进展两个目标，即：到2023年，数字乡村发展取得阶段性进展。网络帮扶成效得到进一步巩固提升，农村互联网普及率和网络质量明显提高,农业生产信息化水平稳步提升,“互联网+政务服务”进一步向基层延伸，乡村公共服务水平持续提高，乡村治理效能有效提升。到2025年，数字乡村发展取得重要进展。乡村4G深化普及、5G创新应用，农业生产经营数字化转型明显加快，智慧农业建设取得初步成效，培育形成一批叫得响、质量优、特色显的农村电商产品品牌，乡村网络文化繁荣发展，乡村治理数字化体系日趋完善。八大行动计划包括：一是数字基础设施升级行动，包括推进乡村信息基础设施优化升级和推动乡村传统基础设施数字化改造升级。二是智慧农业创新发展行动，包括加快推进农业农村大数据建设应用、建设天空地一体化农业观测网络、加快农业生产数字化改造、加快智慧农业技术创新和加强农业科技信息服务。三是新业态新模式发展行动，包括深化农产品电商发展、促进农村消费升级和加快培育农村新业态。四是数字治理能力提升行动,包括完善农村智慧党建体系、推动“互联网+政务服务”向乡村延伸、提升村级事务管理智慧化水平、推动社会综合治理精细化和加强农村智慧应急管理体系建设。五是乡村网络文化振兴行动，包括筑牢乡村网络文化阵地和推进乡村文化资源数字化。六是智慧绿色乡村打造行动，包括提升乡村生态保护信息化水平和加强农村人居环境数字化监管。七是公共服务效能提升行动，包括深化乡村“互联网 + 教育”、推进“互联网 + 医疗健康”、完善农村社保与就业服务、提升面向农村特殊人群的信息服务水平和深化农村普惠金融服务。八是网络帮扶拓展深化行动，包括巩固拓展脱贫攻坚成果和做好网络帮扶与数字乡村建设有效衔接。

三、其他配套性政策

围绕乡村振兴战略，中共中央、国务院以及相关部门先后颁布实施了多项旨在推动数字乡村发展战略的政策、措施或指导意见。数字乡村是伴随网络化、信息化和数字化在农业农村经济社会发展中的应用，以及农民现代信息技能的提高而内生的农业农村现代化发展和转型进程，既是乡村振兴的战略方向，也是建设数字中国的重要内容。随着时间的推移和相关政策措施的不断实施，中共中央、国务院以及中央网络安全和信息化委员会又颁布实施了旨在推动上述政策措施有效执行和落实的政策文本，这主要包括中央网络安全和信息化委员会印发的《提升全民数字素养与技能行动纲要》，以及由中共中央、国务院颁布的《关于做好 2022 年全面推进乡村振兴重点工作的意见》。

《提升全民数字素质与技能行动纲要》在阐述发展形势与重要意义、总体要求的基础上，提出了七项主要任务与重点工程。其中，发展目标包括：首先，到 2025 年，全民数字化适应力、胜任力、创造力显著提升，全民数字素养与技能达到发达国家水平。数字素养与技能提升发展环境显著优化，基本形成渠道丰富、开放共享、优质普惠的数字资源供给能力。初步建成全民终身数字学习体系，老年人、残疾人等特殊群体数字技能稳步提升，数字鸿沟加快弥合。劳动者运用数字技能的能力显著提高，高端数字人才队伍明显扩大。全民运用数字技能实现智慧共享、和睦共治的数字生活，数字安全保障更加有力，数字道德伦理水平大幅提升。其次，展望 2035 年，基本建成数字人才强国，全民数字素养与技能等能力达到更高水平，高端数字人才引领作用凸显，数字创新创业繁荣活跃，为建成网络强国、数字中国、智慧社会提供有力支撑。主要任务与重点工程有以下七项：一是丰富优质数字资源供给，包括优化完善数字资源获取渠道、丰富数字教育培训资源内容、推动数字资源开放共享和促进数字公共服务普适普惠。二是提升高品质数字生活水平，包括培育智慧家庭生活新方式、提高智慧社区建设应用水平、丰富新型数字生活场景和开展数字助老助残行动。三是提升高效率数字工作能力，包括提高产业工人数字技能、提升农民数字技能、提升新兴职业群体数字技能、开展妇女数字素养教育与技能培训、提升领导干部和公务员数字治理能力。四是构建终身数字学习体系，包括提升学校数字教育水平、完善数字技能职业教育培训体系和建设数字技能认证体系与终身教育服务平台。五是激发数字创新活力，包括打造企业数字化竞争力与探索数据驱动科研新范式。六是提高数字安全保护能力，包括提高全民网络安全防护能力、强化个人信息和隐私保护。七是强化数字社会法治道德规范，包括引导全民依法规范上网用网、提高全民网络文明素养、强化全民数字道德伦理规范。此外，该文件还就相关保障措施提出了相应的要求。

《中共中央、国务院关于做好 2022 年全面推进乡村振兴重点工作的意见》就大力推进数字乡村建设明确提出：推进智慧农业发展，促进信息技术与农机农艺融合应用。加强农民数字素养与技能培训。以数字技术赋能乡村公共服务，推动“互联网 + 政务服务”向乡村延伸覆盖。着眼解决实际问题，拓展农业农村大数据应用场景。加快推动数字乡村标准化建设，研究制定发展评价指标体系，持续开展数字乡村试点。加强农村信息基础设施建设。

综上，自党的十八大以来，特别是在党的十九大提出乡村振兴战略之后，党中央、国务院以及相关政府部门颁布实施了多项有关数字乡村建设、数字乡村发展和数字农业农村发展等方面的政策。其中，尤以《数字乡村发展战略纲要》《数字农业农村发展规划（2019—2025年）》《数字乡村发展行动计划（2022—2025年）》最为重要，这为全国各地全面推进乡村振兴、建设数字中国尤其是有序有效实施数字乡村建设提供了强有力的指导。

随着上述一系列有关数字乡村建设、数字乡村发展和数字农业农村发展等政策的密集出台，我国数字乡村建设加快推进。截至2020年，浙江、河北、江苏、山东、湖南、广东等22个省级行政区相继出台了数字乡村发展政策文件，政策体系更加完善，统筹协调、整体推进的工作格局已初步形成。在2020年7月，中央网信办、农业农村部、国家发展改革委、工业和信息化部、科技部、市场监管总局、国务院扶贫办七部门共同印发了《关于开展国家数字乡村试点工作的通知》，统筹部署开展了国家数字乡村试点工作，在地方推荐、专家评审及复核、社会公示基础上，确定117个县（市、区）为首批国家数字乡村试点地区，重点在开展数字乡村整体规划设计、完善新一代信息基础设施、探索乡村数字经济新业态、探索乡村数字治理新模式、完善“三农”信息服务体系、完善设施资源整合共享机制、探索数字乡村可持续发展机制等七个方面先行先试，这能够为其他县域全面推进数字乡村建设提供有益的参考和借鉴。下面主要从乡村数字经济发展和乡村数字治理探索这两个方面对相关试点县（市、区）的实践经验进行梳理，在总结数字乡村建设中的相关实践经验的同时，进一步说明数字技术对乡村社会关系和结构重塑的背景、过程和影响。

第二节 千方百计推动乡村数字经济发展

在党中央、国务院以及相关部门诸多政策的引领下，全国各地围绕乡村振兴战略和建设数字中国掀起了一场轰轰烈烈的数字乡村建设运动。乡村振兴，产业兴旺是关键。从全国数字乡村建设的总体情况来看，各地基本按照《数字乡村发展战略纲要》提出的相关要求着力推进乡村数字经济的发展。也正是在这样的实践当中，数字技术不断重塑着乡村社会关系和结构。为了突出重点和紧扣本书主题，下面主要从发展规划制定、数字人才培养和突出重点任务三个方面对乡村数字经济的发展状况进行相应的梳理和总结。

一、逐级联动共促乡村数字经济发展

在《数字乡村发展战略纲要》《数字农业农村发展规划（2019—2025 年）》《数字乡村发展行动计划（2022—2025 年）》等相关政策颁布实施以后，全国各地结合自身实际情况先后制定出台了有关数字乡村建设、数字农业农村发展和数字乡村发展的政策措施，这为各地开展数字乡村建设进一步提供了操作指南和路线图。

（一）省级层面谋篇布局

截至目前，全国大部分省级行政区出台了有关数字乡村建设的政策措施。比如，在 2019 年 11 月，广西壮族自治区数字广西建设领导小组印发《广西加快数字乡村发展行动计划（2019—2022 年）》，提出到 2022 年底，要打造数字乡村新业态，培育形成一批农村电商产品品牌，农村电子商务发展通达广西各县（市、区）。2020 年 7 月，湖南

省委办公厅、省政府办公厅联合印发《湖南省数字乡村发展行动方案(2020—2022年)》。该文件提出，到2022年，数字乡村建设要取得明显成效。4G网络实现自然村（20户以上村民小组或聚居寨）全覆盖，5G应用更加普遍，自然村（20户以上村民小组或聚居寨）光纤通达率达到70%，有条件的农村具备100兆以上接入能力，有线广播电视网连通所有行政村。推动农业物联网应用，打造数字农业产业新优势。“互联网+政务服务”实现省、市、县、乡、村五级全覆盖，建成一批特色乡村文化数字资源库。网络扶贫行动向纵深发展，信息化在美丽宜居乡村建设中的作用显著。惠农服务体系日益完善，乡村治理能力明显提高，城乡“数字鸿沟”逐步缩小，形成乡村振兴内生动力。

一些经济发达省份在近两年也先后出台了旨在推动数字乡村建设的相关指导意见或政策措施。比如，2020年5月，广东省委办公厅和省政府办公厅联合印发《广东省贯彻落实〈数字乡村发展战略纲要〉的意见》，提出要不断探索开展省级数字乡村发展试点，着力完善乡村信息基础设施、加快发展农村数字经济、深化信息惠民服务等，数字乡村发展取得积极成效，信息化对乡村振兴的支撑作用日益凸显。到2025年，20户以上自然村光网实现深度覆盖，5G网络实现农村重点区域普遍覆盖，乡村产业数字信息化得到应用，城乡“数字鸿沟”明显缩小。在2021年1月，江苏省出台《关于高质量推进数字乡村建设的实施意见》，提出要加快信息化与农业农村现代化深度融合。为夯实数字乡村建设基础，《关于高质量推进数字乡村建设的实施意见》明确提出要加快农村地区接入网扩容、4G网络深度覆盖，有序推进5G网络建设应用；并着力推动水利、公路、冷链物流等乡村基础设施数字化、智能化改造。同样是2021年1月，浙江省公布了《浙江省数字乡村建设实施方案》，明确提出：到2022年底，将实现县城及重点乡镇5G信号全覆盖，数字“三农”协同应用平台基本建成，农业农村数据资源库不断完善，初步建成天空地全域地理信息图。到2035年，浙江数字乡村整体格局将全面形成，数字乡村公共服务体系、治理体系全面建成，农民数字化素养明显提高，城乡“数字鸿沟”基本消除。

（二）县域层面真抓实干

县市区是数字乡村建设特别是发展乡村数字经济的“排头兵”，许多具体政策执行落实基本都要依靠县市区政府。北京大学新农村发展研究院数字乡村项目组在2022年6月发布的《县域数字乡村指数（2020）研究报告》显示，尽管面临数字乡村各领域发展不充分、区域发展不平衡、试点项目难推广、体制机制不健全等方面的问题和挑战，但我国数字乡村建设已取得了初步的成效。即便是整体发展水平偏低的西部地区，县域数字乡村发展也呈现出增速较快、增长潜力较大的特点。比如，县域数字乡村指数年度增长速度最快的5个省级行政区依次为内蒙古（10.5%）、西藏（9.9%）、宁夏（9.7%）、甘肃（8.5%）和河北（7.0%）。《县域数字乡村指数（2020）研究报告》还显示，县域数字乡村指数增长最快的100个县域中有91个县域属于西部地区，且主要集中在西藏、内蒙古、甘肃、四川、青海、新疆。就乡村数字基础设施指数和乡村经济数字化指数而言，增长率位于前100的县域仍主要分布在前述西部省份[①]。因此，从上述内容可以看出，数字乡村建设在县域层面得到了较好的落实和执行，也在一定程度上体现了全国各地县市区在数字乡村建设中真抓实干的一面。

在近年来，山东省潍坊市寿光市大力实施“数字+”工程，全面赋能农业农村现代化，取得了骄人的成绩，不仅为持续擦亮“全国农业看山东、山东农业看潍坊”金字招牌贡献了力量，而且在农业农村

[①] 北京大学新农村发展研究院数字乡村项目组:《县域数字乡村指数（2020）研究报告》，2022年5月30日，第28页。

现代化上率先蹚出了一条新路子。大致来看，寿光市的相关经验可归纳为以下几点：一是实施“数字＋蔬菜产业”，实现全链条数字化种植。具体做法就是以“数字＋”撬动产业升级、以“数字＋”畅通农业新循环、以“数字＋”保障蔬菜安全。二是实施“数字＋科技创新”，抢占现代农业的最前沿。这主要通过实施技术集成创新、突破蔬菜种业研发和推进数字标准制定等三个具体工作得以实现。三是实施“数字＋基础设施”，打造农村全域化新基建。“两手抓”是开展这项工作的重要方法，即一手抓传统设施改造，加快推进原有设施由人工管理向信息化管理转变，全面提升传统设施管理效能；一手抓新型设施建设，加快推动乡村基础设施数字化转型。四是实施“数字＋公共服务”，探索一体化社会治理新模式，即主要从数字化助力乡村治理、提升服务效能和推进金融惠农这三个方面来着力推进。

二、凝心聚力抓数字人才队伍建设

无论是实施乡村振兴战略，还是推动数字乡村建设，都必须突破人才瓶颈。尽管受到农村人口外流、我国农村居民受教育程度整体偏低以及农村基础设施相对薄弱故而难以吸引相关人才回流等因素的影响，人才力量薄弱一直是制约乡村振兴战略以及数字乡村建设的重要瓶颈，但在最近几年，国家不仅出台了相关指导意见、激励性措施，而且一些地方在实践中也探索出了一些值得学习和借鉴的经验。

（一）强化人才支撑是各项政策的重要内容

有关乡村振兴战略、数字乡村建设的多项政策，均不同程度地提出了强化乡村人才支撑的意见和措施。比如，《中共中央、国务院关于实施乡村振兴战略的意见》不仅提出了“要把人力资本开发放在首要位置，畅通智力、技术、管理下乡通道，造就更多乡土人才，聚天下人才而用之”，而且从大力培育新型职业农民、加强农村专业人才队伍建设、发挥科技人才支撑作用、鼓励社会各界投身乡村建设和创新乡村人才培育引进使用机制五个方面提出了相应的指导意见，这在实践层面对乡村人才教育培训、人才回流产生了较大的积极影响，比如近些年一些地方探索出来的“新乡贤模式”在一定程度上就是这样一些政策激励下的产物。除此之外，《数字乡村发展战略纲要》《数字农业农村发展规划（2019—2025 年）》《数字乡村发展行动计划（2022—2025 年）》《提升全民数字素养与技能行动纲要》均就加强乡村人才队伍建设问题提出了相应的指导意见，这为各地的具体实践提供了行动蓝图。

（二）提升农民数字素养与技能是各地实践的“必修课”

随着网商平台的不断发展，农民融入互联网、掌握数字资源应用技能的愿望十分迫切，因而提升农民数字素养和技能日益成为一些地方政府推动数字乡村建设的重要抓手。比如，为了提升农民数字素养，培养壮大电商从业主体，黑龙江省在 2022 年 6 月举办了首届数字素养与直播电商应用技能培训班。来自 17 个乡镇的农民及驻村干部 150 余人参与了培训，并获得由国家人力资源和社会保障部“国家专业技术人员继续教育基地”颁发的培训证书。来自尚志市元宝镇杨树村太平屯的周晓慧告诉记者，自己经常在短视频平台分享生活日常，也曾多次想开个小店，销售特色农产品，但苦于不懂应用技术和平台营销的特点。经过这次集中培训，打开了眼界，想尽快把自己向往的小店开起来，带火家乡土特产。[①]

江苏省连云港市东海县为了全面推进乡村振兴战略，抢抓“国家

① 于洋、李忠双：《用好数字化“新农具”——黑龙江首届农民数字素养培训赋能乡村振兴》，载《黑龙江日报》，2022 年 6 月 25 日。

数字乡村试点”建设机遇，按照“一镇一品”战略，在省级现代农业园区黄川镇草莓产业园的基础上打造了“物联网 + 农业”智慧平台。该平台于 2019 年 10 月启动建设，2020 年 5 月正式投入运营。从平台建设和应用的成效来看，其不仅显著提高了传统农业的管理、生产水平，降低了生产成本，而且提高了草莓品质，成为在全县可示范推广的基地模板。目前，黄川镇草莓产业园区年产草莓鲜果 5 万余吨，产值近 10 亿元，带动从业人员近 6000 人。经测算每年节约成本 15% 以上，可节省劳动用工近 35%，基地亩均效益高于周边平均水平 15% 以上，园区劳动力人均增收超过 24000 元，高于全镇可支配收入的 16.7%。

该平台之所以能够建设投入使用并取得上述成效，除了打造智慧农业信息平台和构建智能生产系统之外，加强数字人才支撑是其中最为重要的工作之一。具体而言，黄川镇在这方面主要采取了两套措施：一方面，针对辖区部分农民开展数字农业信息化管理培训，通过案例讲解、现场观摩、经验交流等方式，展示数字农业智能决策下的无人农业、数字农业发展优势，鼓励引导草莓种植合作社、草莓家庭农场等草莓种植大户投入智慧农业建设。另一方面，建立电商人才培养体系，重点针对返乡大学生、家庭农场主、退役军人等创业主体，聘请电商企业讲师和网络创业成功人士等，开展“普及培训”和“专业培训”。组织参与江苏省“苏货直播新农人培育”等活动，累计培训 1000 余人次，培养了一大批草莓电商创业者。事实上，纵观全国各个县域发展乡村数字经济的实践，像东海县黄川镇这样通过两套措施加强数字经济人才培养几乎是所有县域的必选动作。

三、因地制宜积极推进“一地一品”战略

江苏连云港市东海县之所以能够在“国家数字乡村试点”建设中

抓住机遇并取得上述成效，其成功的重要“密码”就在于坚持发展“一镇一品”战略，即每一个乡镇打造一个农产品品牌，或集中精力把一件事情做好。比如，黄川镇就借力于“物联网＋农业”智慧平台试图将草莓产业打造成当地乃至全国的一个品牌。事实上，但凡在数字乡村经济中能够取得一定成效的县域、乡镇乃至村庄，在总体上都有一个鲜明的特点，那就是每一个地方几乎都在结合本地实际情况或发挥原有资源优势集中精力打造一两个产品品牌。2022 年 4 月 24 日，农业农村部管理干部学院、阿里研究院联合发布了《“数商兴农”：从阿里平台看农产品电商高质量发展》，并公布了 2021 年全国“农产品数字化百强县”榜单。因考虑到篇幅问题，作者仅在这里整理出了位居前十位县（市、区）的相关情况，具体可参见表 4-1。从中不难看出，农产品数字化百强县排名基本与当地的特色产品有关。比如，排名第一的安溪县就有上千年的产茶历史，是“中国乌龙茶（名茶）之乡”，位居中国重点产茶县第一位，以茶业闻名全中国，号称“中国茶都”。当然，这并不是说发展数字农业就必须依赖于当地固有的资源，或者说如果一地没有相应的知名产品就无法发展数字农业经济。义乌市是全国乃至全球著名的小商品批发集散地，但在全国农产品数字化百强县排名中却以养生茶、花草茶为主要产品而位居第九位。再如，广西壮族自治区的富川县通过打造数字农业的方式，将曾经不知名的脐橙等鲜果打造成了“富川脐橙”等知名品牌，为全国数字乡村建设提供了可资借鉴的经验。

表 4–1　全国农产品数字化百强县之前十位

排名	县（市）	所属省市	主要产品
1	安溪县	福建省泉州市	铁观音
2	沭阳县	江苏省宿迁市	花卉、绿植
3	武夷山市	福建省南平市	大红袍、金骏眉
4	福鼎市	福建省宁德市	白茶
5	丰县	江苏省徐州市	苹果
6	兴化县	江苏省泰州市	坚果、调味品
7	东海县	江苏省连云港市	鲜花、绿植
8	邳州市	江苏省徐州市	花卉
9	义乌市	浙江省金华市	养生茶、花草茶
10	新沂市	江苏省徐州市	核桃仁、花卉

（资料来源：《“数商兴农”：从阿里平台看农产品电商高质量发展》。）

如果说安溪县、义乌市本身就是经济比较发达的县域了，因而在县域数字农业发展中不具有普遍代表性，那么接下来富川县这一案例或许能够回应这一问题。近年来，广西壮族自治区贺州市富川瑶族自治县以国家数字乡村试点建设为契机，在打造富川首个旅播基地的基础上，以本地农民为主要培养对象，注重培养掌握电商、直播技能的“新型农民主播”，全面推进“直播 + 产业”“直播 + 旅游发展”等“村播 +”电商发展，并依托该模式将“富川脐橙”“富川状元芋”“富川冰淇梨”“富川香芋南瓜”等当地特色农产品以及生态文化旅游项目进行了很好的全国性推介，在整体上成功构建了富川农村产业新业态发展模式。其中，富川县在近些年持续打造“富川脐橙”这一拳头产品，不断巩固和提升“富川脐橙”这一品牌的形象和价值。与此同时，富川县还在系列农产品的包装、文创、规格、体验的重塑等方面不断寻求创新，除了“富川脐橙”这一拳头产品之外，还培育出了“富川冰淇梨”“富川香芋南瓜”“富川冷泉香芋”等四季生鲜产品，形成“春芋夏梨秋薯冬橙”全年无淡季的“村播”带货产品矩阵。通过上述努力，2021 年 1—10 月，富川县实现电子商务交易额约 3.1 亿元，同比增长 40.52%；网络零售额 7176 万元，同比增长 45.75%；农产品网络零售额 1693 万元，同比增长 89.39%。富川县依托“村播 +”模式，让农产品“直播带货”成为农民新时尚，不仅推动了“互联网 + 古村 + 美食 + 旅游”链条式融合发展，而且利用新业态新模式强有力地推动了乡村振兴战略在经济欠发达地区的实践发展。总体来看，在全国乡村数字经济发展中取得一定成效的县域基本上都采用了“一地一品”战略，这甚至可以说是助力乡村数字经济取得成功的一个重要秘诀。

毋庸置疑，乡村数字经济发展是一项系统性工程，其必然会牵涉到各个方面。但从全国的相关情况来看，推动不同层级政府之间的有效联动、加强数字人才队伍建设和采用“一地一品”战略这三个方面，相对而言最为重要甚至具有决定性影响。如果从经济与社会的关系来看，数字技术对乡村社会关系与结构的重塑正是在上述这样的过程中进行或发挥作用的。当然，除此之外，还有一个重要的方面，那就是乡村数字治理的实践。

第三节 不断探索乡村数字治理新模式

随着数字时代的来临，尤其是数字技术对乡村社会关系和结构的不断重塑，不仅需要一些新的社会规范来约束“技术行为”，以防止“技术作恶”，而且伴随着这一过程一些新的社会需求被刺激而出，这本身就对社会治理提出了新的要求。社会治理的目的之一就是为居民提供公共产品和公共服务，这意味着数字时代的社会治理就需要努力对上述需求或变化作出积极的回应。因此，呈现数字时代乡村社会治理模式的状况及其变化，同样有助于我们更好地理解数字技术如何重塑乡村社会关系与结构，进而帮助我们在数字时代进一步推动乡村社会治理创新，为广大农村居民提供更优质便捷的公共产品和公共服务。

一、数字时代需要不断创新乡村社会治理模式

（一）创新社会治理格局的提出

同样是在党的十九大报告中，习近平总书记围绕“提高保障和改善民生水平，加强和创新社会治理”提出了“打造共建共治共享的社会治理格局”的要求。《中共中央、国务院关于实施乡村振兴战略的意见》围绕“加强农村基层基础工作，构建乡村治理新体系”，首先指出“乡村振兴，治理有效是基础。必须把夯实基层基础作为固本之策，建立健全党委领导、政府负责、社会协同、公众参与、法治保障的现代乡村社会治理体制，坚持自治、法治、德治相结合，确保乡村社会充满活力、和谐有序”，然后从加强农村基层党组织建设、深化村民自治实践、建设法治乡村、提升乡村德治水平和建设平安乡村共五个方面提出了相应的具体构建路径。总体来看,党的十九大报告和《中共中央、国务院关于实施乡村振兴战略的意见》对构建新时代乡村治理新体系提出了总体方向和基本要求，并提供了相应的指导意见。

（二）推进乡村治理能力现代化

中共中央办公厅、国务院办公厅在 2019 年 5 月联合印发了《数字乡村发展战略纲要》，提出了包括“推进乡村治理能力现代化”在内的十项重点任务。一方面，推动“互联网 + 党建”。建设完善农村基层党建信息平台，优化升级全国党员干部现代远程教育，推广网络党课教育。

推动党务、村务、财务网上公开，畅通社情民意。另一方面，提升乡村治理能力。提高农村社会综合治理精细化、现代化水平。推进村委会规范化建设，开展在线组织帮扶，培养村民公共精神。推动“互联网 + 社区”向农村延伸，提高村级综合服务信息化水平，大力推动乡村建设和规划管理信息化。加快推进实施农村“雪亮工程”，深化平安乡村建设。加快推进“互联网 + 公共法律服务”，建设法治乡村。依托全国一体化在线政务服务平台，加快推广“最多跑一次”“不见面审批”等改革模式，推动政务服务网上办、马上办、少跑快办，提高群众办事便捷程度。

此外，《中共中央、国务院关于做好 2022 年全面推进乡村振兴重点工作的意见》专门就“突出实效改进乡村治理”提出了加强农村基层组织建设、创新农村精神文明建设有效平台载体和切实维护农村社会平安稳定等三个方面的意见。其中，不仅要求推行网格化管理、数字化赋能和精细化服务，而且提出要推行村级基础信息统计“一张表”制度，减轻村级组织负担。

（三）不断提升乡村数字治理能力

在《数字乡村发展行动计划（2022—2025 年）》中，“数字治理能力提升行动”就是八大行动计划之一，这主要包括：一是完善农村智慧党建体系。推进全国党员干部现代远程教育系统优化升级，扩大网络党课在农村党员教育中的应用。丰富党建信息化综合平台功能，加快基层党组织“上云”。综合运用各类数字平台，积极稳妥、依法依规推动党务、村务、财务等信息网上公开，拓宽党群沟通渠道，畅通社情民意。二是推动“互联网 + 政务服务”向乡村延伸。完善全国一体化政务服务平台，推动实现网上政务服务省、市、县、乡、村五级全覆盖，提高涉农事项全程网上办理比例，推动政务服务“网上办、掌上办、一次办”。推进电子政务外网向乡镇、村延伸，建立健全政务数据共享协调机制，深化农村综合服务网点覆盖，建设农村工程建设项目管理信息化平台，实现农村工程建设项目“一网统管”和“一网通办”。三是提升村级事务管理智慧化水平。推广村级基础台账电子化，建立统一的“智慧村庄”综合管理服务平台。推广村级事务“阳光公开”监管平台，推进村级事务及时公开、随时查看。进一步丰富村民自治手段，加快农村集体资产监督管理平台建设，促进建成便民快捷、管理高效、上下联动、部门共享的农村集体资产大数据库。四是推动社会综合治理精细化。逐步完善“互联网 + 网格治理”服务管理模式，打造基层治理“一张网”，推广“一张图”式乡村治理数字化模式。深入推进公共法律服务网络平台、实体平台、热线平台三大平台融合发展，整合法律服务网与司法行政 App、小程序功能。推广运用智能移动调解系统，拓展利用移动端开展法律服务。高质量建成涵盖所有县、乡、村的公共安全视频图像应用体系，进一步加大农村地区公共安全视频图像应用系统建设。五是加强农村智慧应急管理体系建设。依托天空地一体化监测体系，加强自然灾害综合监测预警。依托应急资源管理平台，做好乡村受灾人群应急救援和保障服务。完善并建立突发事件风险监测与预警信息共享平台，完善农村气象灾害智能预报系统，加快应急广播体系建设。

二、数字时代乡村社会治理的鲜活实践

（一）浙江龙游县的“村情通”

2016 年诞生于浙江省衢州市龙游县张王村的“村情通”，由一个村的探索逐步覆盖到全县 262 个行政村，每户至少有 1 人关注，是新时代乡村治理新模式中的典型之一。其以互联网为平台，使传统网格化

管理搭上了信息化的“快车”，打通了基层治理与公共服务的“最后一公里”，架设了民情民意的“连心桥”，探索出了一条共建共治共享的乡村治理新模式。进一步来看，龙游县依托于“村情通”，以村民自治为基础、以法治为保障、以德治为引领，为乡村群团组织赋予了新的动能，为社会力量和市场主体注入了新的动力，成功激活了社会资源，实现了国家政权与乡村社会的有效衔接，使群众从“跑断腿”到“最多跑一次”甚至“办事不出村”。总体来看，“村情通”是党和国家在推动乡村社会治理创新、提升乡村数字治理能力等政策引领下的一个鲜活实践，其有助于我们全面而深入地理解数字技术如何重塑乡村社会关系和结构这一问题。

首先，“村情通”来自基层干部的实践和探索。“村情通”缘起于乡村治理中基层干部遇到的各类“烦恼”，例如基层党组织核心作用难以发挥、村情民意信息掌握难、偏远山区群众办事难和农村群众动员组织难等，为了化解这些“烦恼”，龙游县在国家建设数字中国等政策倡导下，结合本地乡村治理需求，采取了从试点到全县域“遍地开花”的方式推广使用“村情通”App。截至目前，“村情通”实现了从 1.0 到 2.0 版本的升级。其次，从“村情通”的基本架构来看，其在端口设计上包括微信端、钉钉端和电脑端共三个端口，也是“村情通”的三大构件。其中，微信端对应于普通群众，钉钉端和电脑端则供工作人员登录及办公使用。微信端页面包含首页、党员先锋、美丽乡村和平安服务四大板块。钉钉端主要包含首页、村务、党建、洁美、平安等五个板块，主要面向“一长三员”和“村委”成员。电脑端主要面对的是县综合信息指挥中心和乡镇（街道）的综合信息指挥室，主要功能是对后台数据进行统计、汇总和分析。再次，从“村情通”的运行逻辑来看，其通过基层党组织核心作用的引领，实现基层治理“神经末梢”的畅通；通过打造“扁平化”的组织结构，实现全体村民齐参与的“全民网络”之格局；通过“网上超市”实现部门事权大整合，方便农民办事“不出村”；通过民情档案“一机查询”，提高了相关部门信息收集的效率。最后，从“村情通”的治理绩效来看，其通过为乡村治理插上智能化翅膀，不仅实现了农民办事从“最多跑一次”到“跑也不出村”，而且使党组织成为密切联系群众的新载体。尤其在新冠肺炎疫情防控中，龙游县在“村情通”上开发扫码通行、每日上报、智能招聘等功能应用，助力疫情防控和经济社会发展工作。

（“腾讯为村”公众号的首页。用户可以在此平台上学习相关知识与技能，也可以随时了解最新的相关政策信息。）

总体来看，“村情通”这一乡村治理新模式的成功经验可以归纳为两个方面：一是按照治理主体全民化、治理机制便民化、治理过程民主化、治理结构扁平化、治理运行规范化、治理成果共享化和治理模式智能化这七个衡量乡村治理现代化的标准进行建设；二是逐步建立了将“党建”作为智能化治理的“定盘星”、通过“共建”完成智能化治理的“大合唱”、通过“共治”铺就智能化治理的“奠基石”、通过“共享”实现从“最多跑一次”到“跑也不出村”等主要机制。

（二）四川省邛崃市全域“为村”

2021 年 10 月 29 日，农业农村部召开新闻发布会，公布了第三批全国乡村治理典型案例。该 38 个案例，涉及创新治理方式、完善治理体制、健全治理体系、提升治理能力四个方面。四川省邛崃市全域“为村”助力乡村高效治理经验做法成功入选。截至 2021 年 10 月，“为村”平台共开发设置 6 大类 90 项功能版块，涵盖了基层治理、便民服务等领域，覆盖邛崃全市 168 个村（社区），关注认证村民 38.3 万，手机用户注册使用率达 85%，为乡村治理搭建了数字平台，深化了乡村高效能治理。在参与形式上，村民不仅能够借助“为村”平台的激励机制积极参与线下村庄治理工作，还能在线上参加学习培训和进行互动交流。在功能应用上，“为村”平台向村民提供涵盖“党建、服务、治理、产业”四大领域的功能应用。在“党建”版块，通过提供在线“党建知识学习、农民夜校”等功能服务，保证党在接点平台中的核心领导地位。在“服务”版块，为民众提供“在线审批、文化娱乐”等功能服务。在“治理和产业”版块，村民能够利用在线“村务公开、特色农产品店铺、农技咨询”等功能参与村庄治理和提高产业建设能力。在平台支撑上，“为村”平台通过问题逐级回应机制、网络基础设施和智能终端设备等制度和技术能够保障其正常运转。

从全域“为村”的成效来看,其主要体现在以下几个方面:一是“为村”创新信息共享方式，架起了学习问政的网络桥梁。农民群众学习教育摒弃了传统“灌输”模式，动态模块将国家、省、市惠民政策方针整合成群众喜闻乐见的线上视频、图文等形式，通过手机推送至村民手中,让“微课堂”发挥“大能量”。截至2020年10月,通过平台“书记信箱”线上收集问题380余个，线下解决370个，信访量下降45%，实现线上问政、线下办理。二是“为村”不仅成功搭建了便民服务平台，而且拓宽了电商产业增收渠道。农民通过“为村”平台“农技咨询”“医院挂号”等便民窗口，及时获得“三农”政策咨询、网上就医挂号、经营证照办理等线上服务，实现信息多跑路，群众少跑腿。据统计，通过“为村”平台就医挂号达10000人次，农业技术服务20000余次。建立了“邛崃为村集市”电商平台，村民入驻平台开设微店50余家，累计销售特色农产品300余万元，吸引外来投资商3家，打破了城乡信息不对称壁垒。三是“为村”开展民主议事协商，实现村民共建共治共享。充分运用“为村”平台“乡村议事厅”,开展“全村秀•最好人缘”“最美乡村评选”等网络主题评选活动10余场次，活动点击量达18000次，网络参与度达100%，不仅向外展示了乡风文明的良好形象，而且在引领村庄营造团结奋进、热爱家乡和建设美丽新农村良好氛围等方面亦具有积极的作用。

三、立足实际不断提升乡村数字治理能力

(一)以满足人民群众对美好生活的需要为出发点

限于篇幅，以上只是介绍了两个有关乡村数字治理的典型案例，但基本能够反映我国乡村数字治理的状况。大致来看，我国乡村数字治理呈现出以下几个特点:

第一，从基本思路来看，各地主要结合本地实际情况按照既有的相关政策展开实际工作。党的十九大报告和《中共中央、国务院关于实施乡村振兴战略的意见》《数字乡村发展战略纲要》等文件对推进乡村治理能力现代化、提升乡村数字治理能力提出了相应的要求和指导意见。比如，《中共中央、国务院关于实施乡村振兴战略的意见》就提出“乡村振兴，治理有效是基础。必须把夯实基层基础作为固本之策，建立健全党委领导、政府负责、社会协同、公众参与、法治保障的现代乡村社会治理体制”，这其实为乡村数字治理能力的提升提供了基本的指导思想。事实上，无论是浙江龙游县的“村情通”还是四川省邛崃市全域“为村”都坚持党建引领、政府负责并积极动员社会力量参与其中。

第二，从主要内容来看，各地实践的重要目的都是为居民提供公共产品和公共服务。比如，“村情通”的微信端页面就设置了“首页”“党员先锋”“美丽乡村”“平安服务”四大版块。其中“平安服务”版块主要服务于农民方便办事。再如，“为村”平台上设置了“农技咨询”“医院挂号”等便民窗口，主要是为农民提供“三农”政策咨询、网上就医挂号、经营证照办理等线上服务。

第三，从主要功能来看，各个数字化平台不仅是提供各类公共产品和公共服务的重要手段，而且有利于国家政权与乡村社会的有效衔接。比如，电脑端作为“村情通”的三大构件之一，其直接对接了县综合信息指挥中心和乡镇（街道）的综合信息指挥室，主要功能是对后台数据进行统计、汇总和分析，这在很大程度上是为了提升县乡级政府对乡村社会信息收集和汇总的能力，进而有助于县乡级政府及其以上各级政府获得更多、更客观和更真实的关于乡村社会的信息。

第四，从主要成效来看，乡村数字治理能力的提升对推动公共服务和公共产品供给、实现国家政权与乡村社会的有效衔接以及乡村振兴战略的实施都具有非常重要的意义。

（二）积极回应新需求和解决新问题

尽管乡村数字治理能力提升的实践几乎在全国各地普遍展开，也取得了相应的成效并积累了一定的经验，但总体来看，尚存在一些值得讨论和商榷的问题。

首先，我国乡村社会在目前面临着一个最大的现状就是人口尤其是青壮劳动力外流及其直接引发的农村人口“空心化”问题，这使得如何强化乡村人才支撑是实现乡村振兴和数字乡村建设面临的最关键问题之一。就乡村社会而言，人才大致可以分为本地人才和引进的人才。一方面，如何留住本地人才以及吸引已经外流的人才返乡至为关键。国家有关重大涉农政策的实施为乡村人才回流创造了契机，各地需要把握好机会尽可能地吸引和留住本地人才。另一方面，将返乡大学生、家庭农场主、退役军人等创业主体吸引到乡村发挥他们的聪明才干是一些地方探索出来的经验，这其实意味着在强化乡村人才支撑上除了留住本地人才还可以吸引外地人才进入乡村，这不仅可以将智力、技术、管理等要素引入乡村经济发展之中，还可以为乡村社会治理添砖加瓦。总而言之，无论是乡村振兴还是数字乡村建设，如何强化乡村人才支撑都是最为关键的问题。

其次，就治理所关注的内容而言，各地实践基本停留于对传统需求和问题的回应，而对新需求新问题缺乏足够的关注。一方面，随着数字时代的来临，尤其是数字技术对乡村社会关系和结构的重塑，一些新的社会需求会不断被刺激出来。比如，在“半耕半网”日益成为我国乡村经济新形态的背景下，乡村人口回流势必会成为一种趋势，甚至还可能加速“逆城市化”，这就意味着新迁入人口的社会融入或社会融合就是一个值得重视的问题。除了上述两个案例之外，我们还大致盘点了其他类似的实践经验，很少看到对数字技术应用所激发出来的一些新社会需求的回应。另一方面，随着数字技术向乡村社会各个领域的不断延伸和覆盖，其不仅重塑着人们的生活方式，而且数字本身日益成为一种生产要素，这意味着对数字技术及其应用的约束和规范将变得日益重要。社会治理的重要目的之一就是要实现一定的社会秩序或社会和谐。例如，“三农”短视频日益成为新农民形象宣传塑造、乡土文化传播的新载体，其虽然起到了助推乡村经济快速发展的作用，但一些低俗、劣质的短视频也混杂其中，这会威胁到乡村网络文化的繁荣发展，因此需要有相应的治理措施。

最后，若要积极回应新需求和解决新问题，地方政府在向外取经学习经验的同时，还必须着重研究本地社会资源结构特点及其适配性等问题。从我们的调研情况来看，一些地方政府在近几年组织人员外出学习和参加培训的意愿比较强烈，也确实学习到了一些先进经验和做法，但相对忽略了对本地社会资源结构、农业发展现状与趋势、经济发展阶段等问题的系统性评估。换言之，无论是发展乡村数字经济还是提升乡村数字治理能力，都必须立足本地实际情况，然后理清阶段目标、重点任务，科学制定短中长期发展路线图，而不是一味地不顾本地实际而照搬外地经验。

第五章

新思路：利用数字技术解决乡村发展面临的关键问题

数字技术不仅正在深刻地改变着人们的生活方式，而且带来了农业生产组织方式的变革。伴随这一过程，一些新的社会需求被刺激而出，建立和完善对技术行为进行约束的社会规范变得日益迫切。换言之，在数字技术对乡村社会关系和结构重塑的同时，不断定型的乡村社会关系和结构又会反作用于乡村社会的经济、政治、文化和社会等各个方面，这就意味着我们必须遵循相关规律来推动乡村振兴战略以及数字乡村建设等重大涉农政策的实施。就当前以及未来较长一段时间来看，乡村发展最大的制约瓶颈或要解决的关键问题仍然是如何强化人才支撑，因为人才不单单涉及人的问题，还包括因人才而流动的智力、技术和管理等要素。总之，在数字时代不仅要关注数字技术对乡村社会关系和结构的重塑，而且要反过来思考如何依靠数字技术来破解乡村发展中面临的关键问题。

第一节 “数字接点”化解“村民流出”问题

一、人口流动与乡村发展困境

（一）人口流动大潮

自改革开放以来，在全球化、工业化、市场化和城市化等多重力量的驱动之下，我国出现了史无前例的人口大流动，这主要表现在农村人口向城镇的“候鸟式”流动和定居迁徙。尽管全国各地人口结构和流动情况存在较大差异，但总体来看，还是呈现出一股规模巨大且持续不断的乡村人口流动大潮。人口流动被喻为经济发展的“晴雨表”。一般而言，一个地方的经济越不发达，人口越向外流动。相反，一个地方的经济越发达，越有可能吸引外地人口，甚至会形成所谓的“人口倒挂”现象。在近几年，尽管人口流动趋势出现了一定的缓和，但大的方向应该在短期内很难迎来根本性的转折。

改革开放以来的 40 多年，既是我国经济高速发展的时期，也是人口大流动的时代。从 1982 年至 2017 年间的人口流动趋势，大致可以划分为三个阶段：第一个阶段是 20 世纪 80 年代初期到 90 年代初期。在这个时期，随着国家对农村人口进入城镇管控政策的放松，一部分农民开始流动到城镇务工，由于这些人较快地在城镇赚到了农村赚不到的钱，从而逐步带动了其他农民外出，从此开启了农民向城镇流动的大门。根据相关统计数据，流动人口规模从 1982 年的 657 万增长至 1990 年的 2135 万，年均增长率为 7%。第二个阶段是 1990 年至 2010 年，这个阶段是人口流动规模增长最快的一个时期，从 1990 年的 2135 万人快速增长至 2010 年的 2.21 亿人，年均增长率约为 12%。第三个阶段是 2010 年至 2017 年之间，人口流动在这个阶段不断趋于和缓，年均增长率约为 2%。国家卫生健康委员会的统计数据显示，截至 2017

年底，我国流动人口规模超过 2.44 亿人。其中，外出农民工数量占比为 60%，大约有 1.7 亿人。国家统计局 2017 年 2 月 28 日公布的《中华人民共和国 2016 年国民经济和社会发展统计公报》显示，2016 年末全国(不含港澳台)总人口 138271 万人,其中城镇常住人口 79298 万人,农村户籍人口 58973 万人。也就是说，在 2017 年我国有将近一半的农民处于“半耕半工”状态，其中大约有三分之一的农民离开自己的家乡外出务工。

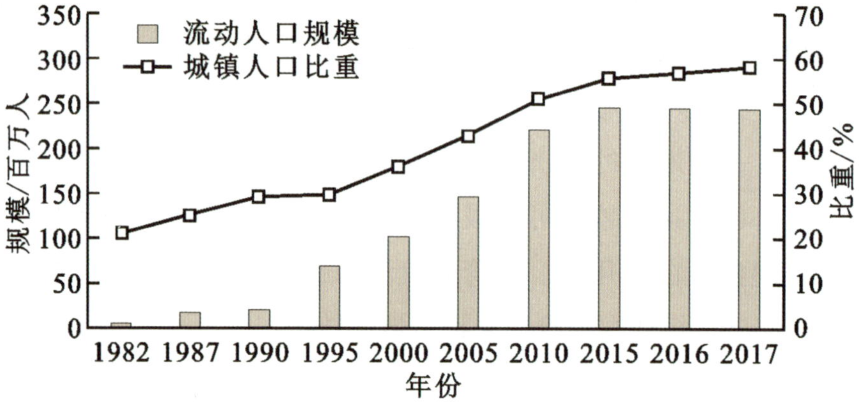

（1982—2017 年全国流动人口规模，资料来源 :《中国流动人口发展报告 2018》。）

（二）人口外流导致的乡村发展困境

人口是一个社会的核心。农村人口外流给乡村社会的经济、政治和文化等各个方面造成了广泛、深入且持久的影响。对人口流出村，特别是对中西部经济落后的乡村而言，由于年轻劳动力大量流出，这不仅导致乡村人口结构失衡状况日益加剧，还因此使乡村的生产和生活面临着一系列挑战，这主要表现乡村经济发展和乡村社会治理这两个方面。

一方面，农村人口外流在很大程度上直接导致农村青壮劳动力的减少，进而使农业生产受到了严重的影响，这不仅表现为土地撂荒现象十分普遍，还带来了农药、化肥的过度使用等潜在性危机。如果将宏观事实反映到具体村庄，我们调查过的湘潭县中路铺镇柳桥村就是一个典型的人口流出村。柳桥村由原柳桥、傩塘、南冲 3 村合并而来，在 2021 年，柳桥村有 1521 户，5875 人，分布在 70 个村民小组。全村共有耕地 6645 亩，大部分耕地已流转至公司或种植大户经营。村民的经济来源主要依靠外出务工经商，40 年如一日。在 2021 年底作者调查时，全村大约有 3400 人在外务工，户均有 2.2 个劳动力流出在外。在我们入户调查的路上、进入农户家中，遇见的大多是老人、儿童和体弱的妇女，很少遇到青壮年劳动力。在我们入户调查中看到，有为数不少的农户基本都是留了一位老人看家守院。另据村干部介绍，全村将近有两百多户人家常年没有人居住，经常是“铁将军”守门。一位唐姓的老人告诉我们，土地流转到承包公司之后都是将地埂推平采用机械化作业，喷洒农药、化肥等主要靠无人机来完成，只是在收获南瓜、小籽花生等经济作物的时候公司才会雇用村里的一些劳力，这与以前的精耕细作已大不一样。因此，这些现象背后其实隐藏着这样一个逻辑，即土地流转以及与此相关的机械化作业和规模化经营在很大程度上其实与农业劳动力短缺密不可分。

另一方面，乡村人口大量外流带来的“人地分离”使乡村社会治理不得不面对一个新的场景。大致可以从如下几点来反映这一新的场景：一是人口大规模外流致使村庄内部“人气”不足，治理乏力。二是“人不在村里”使得常年外出务工的村民与家里、村里的联系纽带不断趋于松散，进一步导致村庄内部与外部的割裂与隔离[①]。三是由于“人不在村里”使得村委会在处理一些事关外出家户的问题上显得力不

[①] 邱泽奇、李由君、徐婉婷：《数字化与乡村治理结构变迁》，载《西安交通大学学报（社会科学版）》，2022 年第 2 期。

从心。在过去，“村村通广播”以及村干部上门是国家相关政策触达村民的主要传播工具或方式，但在村民大规模外流的情况下，造成的一种现状就是“广播依旧在，喇叭依旧响，可听的人不在广播或喇叭的覆盖范围内”，这使得党和政府的方针政策无法通过广播电视等途径及时传递给外出务工的村民。与此同时，离开村庄的村民思想动态和行为也无法被党和政府所了解，即便是要了解也要付出较之以往更高的成本。四是带来了基层组织涣散这一问题。在较长一段时间内，村委会的干部主要由留守老年人担任，尽管在2009年国家将村委会的人员工资和办公经费纳入国家财政安排之后，极大地缓解了村委会干部“老年化”这一问题，但自然村或村民小组这一情况并未得到改变，其根本原因就是年轻人大都外出务工了。总之，乡村人口大规模外流给乡村社会治理带来了前所未有的挑战，这是党和政府在未来较长一段时间内在乡村社会治理上必须面对的主要挑战之一。

二、基于“数字接点”的地方实践与探索

在近些年，随着乡村人口流动给乡村发展带来一系列困境的不断出现，一些地方逐步探索出了以“数字接点”为基本框架的乡村社会治理新模式。所谓“数字接点”，我们可以将其简单地理解为以各种数字化平台来实现国家政权与基层社会衔接的一种做法。任何国家与社会的关系都需要某种组织形式作为沟通二者的机制，“数字接点”在很大程度上就类似于这里的具有沟通衔接功能的组织形式，特别是在村委会日益“行政化”的背景下其作用尤为明显。除了前面业已介绍过的浙江龙游县的“村情通”和四川省邛崃市全域“为村”之外，上海市宝山区“社区通”模式和浙江省桐乡市乌镇镇“乌镇管家”模式，都是在人口大流动背景下化解乡村治理困境方面值得借鉴学习的经验。

（一）上海市宝山区“社区通”模式

“社区通”在2017年2月创立于上海市宝山区，是一款基于互联网、云计算、大数据技术的一站式社区治理云平台，其旨在为居民、社区、政府提供以居村党组织为核心、以居村委会为主导、以城乡居民为主体、相关各方参与的党建引领社区治理云服务。“社区通”的服务对象有三：一是为社区提供以居委、村委为主导的社区治理云平台。居委、村委可以入驻社区通云平台，开通自己所辖社区云空间，获得社区自治、邻里社交、社区服务三大类服务。二是为居民提供自我管理、自我教育、自我监督、自我服务的社区自治、社区服务平台。三是为政府提供一站式掌上社区治理云平台。城市、区县、街镇政府可入驻社区通云平台，开通下辖居村社区治理云空间，畅通民情民意，更好地为民服务。截至目前，发源于上海市宝山区月浦镇的“社区通”已在北京、上海、天津、山东、安徽、河北、内蒙古、辽宁等地的基层社区治理中得到广泛推广应用。“社区通”模式曾获评2017年中国（上海）社会治理创新实践十佳案例，并被央视《新闻联播》、《人民日报》、《解放日报》等国内主流媒体报道。

上海市宝山区遵循数字化、精准化、便民化理念，切实探索连通国家与城乡社会的“社区通”数字治理接点平台。首先，在组织形式上，“社区通”坚持以人为本，以“连接、参与、共享”为宗旨，建构线上与线下相结合的一体化服务平台。通过线下服务中心与线上“社区通”应用的有效衔接，实现线上线下齐头并进。其次，在功能设计上，以基层民众需求为基本定位，通过各级行政部门的上下衔接，推进国家资源下沉至村庄社区，为民众提供包括“社区公告、议事厅、公共法律服务、家庭医生”等在内的公共服务。各参与主体以各项功能服务为契机，在“社区通”接点场域内利用开放共享的环境实现双向互动和相互配合，形成以党建为引领，以政府为主导，积极动员市场和社会力量参与其中，以村级组织及村民为主力的服务供给与合作治理格局。最后，在平台支撑上，“社区通”接点平台通过借助大数据分析、大数据模型、移动互联网等各项数字技术搭建完善平台运行的硬件基础设施，并建立运行制度机制，如建立问题分类分层处置机制、“四治一体”工作机制、线上线下联动工作机制等，保障平台能够有效运转。

（二）浙江省桐乡市“乌镇管家”模式

近年来，为解决“人地分离”、基层治理体系效率不高、资源不匹配等现实问题，乌镇镇在全镇108个网格中发动村民组建了“乌镇管家”队伍，建立了乌镇管家云治理平台，并将“乌镇管家”和云治理平台融入基层社会治理和民生服务工作中，构建“四治融合”的治理体系，探索出了一套值得推广的乡村社会治理经验。

在组织形式上，“乌镇管家”通过线上与线下相结合的方式共同管理乡村事务。在线下成立专业的网格化管家队伍，收集各类民生问题并及时上报到“乌镇管家”平台，再按照问题类型指派相应的专业人员解决，进而形成了线上线下同步进行、一体联动的运行机制。在功能设计上，“乌镇管家”目前实现了“1+4+X”模式。其中“1”主要是指在社会服务和社会治安两项功能的联动下而形成的“一个中心”；“4”则是搭建了四个集约化的分别用于数据开发挖掘、应急管理、科学决策、多元主体合作的平台；而“X”主要是在针对各类公共服务、社会治理等数据充分集合后而形成的治理舆情分布图，进而为决策分析和舆情管控等提供科学而客观真实的参考依据。在平台支撑和组织架构上，乌镇镇借力世界互联网大会，在全镇推广数字化技术应用和完善数字网络设备。此外，该模式还配备了“乌镇管家”领导小组、“四清四报”监管机制等。[①] 从主要成效来看，一是通过“智治 + 自治”，起到了“聚合力增活力”的作用，特别是在促进本地人口和外来人口社会融合方面作用比较明显。二是借助“智治 + 法治”，不仅提升了治理的效率，而且加强了公共服务的保障能力。乌镇管家调解员在开展每日排查时，及时运用乌镇民情公众号处理矛盾纠纷或苗头隐患，在化解本地人口与外来人口之间的矛盾纠纷上取得了一定的成效。三是通过“智治 + 德治”，能够实现植民风和扬正气的效果。推行垃圾分类工作功在当代、利在千秋，但对基层工作人员而言一直是一件十分头痛的事情，因为这仅仅依靠居民的自觉自律是远远不够的。乌镇管家在积极宣传垃圾分类相关政策以及表扬先进典型的同时，通过视频监控、智能分类等手段督促居民履行相应的义务，因而在推行垃圾分类这项工作上同样是成绩喜人。

三、“数字接点”是化解乡村治理困境的有效路径

（一）组织结构的连通性

乡村治理的关键在于构建一个能够实现国家政权与乡土社会有效衔接的纽带或桥梁，进而实现由国家政权、基层组织和乡土社会构成的乡村治理结构体系的循环畅通。然而，有两个方面的变化共同导致乡村治理结构体系的功能难以有效发挥：一是随着乡村人口的外流，越来越多的人长期居住或生活在村庄之外，特别是大部分农村居民的经济利益获取不再局限于村庄之内甚至完全依靠务工经商，即“人不在村里”使得原有的以村庄为基本单位的管理体制几乎完全失效，也就是邱泽奇等人所说的治理结构“尾部断链”。简单地讲，在乡村人口大流动背景下，乡村治理结构体系中的其中一端即乡村社会已经发生

① 农业农村部农村合作经济指导司、浙江省农业农村厅：《全国乡村治理示范村镇典型经验（浙江篇）》，中国农业出版社 2020 版，第 150—153 页。

了根本性的变化，人们生产生活的单元不再局限于物理意义上的村庄，农村人口发生了由过去的空间聚集性向空间分散性转变，这使得国家对农民的管理变得越来越难。二是随着村委会的日益行政化，原本由国家政权、村委会和乡土社会构成的乡村治理结构体系在运转上越来越难尽如人意。在农业税费改革之后，随着集体经济的消解，以及农业税、“三提五统”和各种“费”的取消，贫困地区的村委会更是陷入连日常运作的经费都无法筹集而几近瘫痪的境地，国家为了保障基层政区的日常运作、各项公共事务能够经由村委会得到操办，不得不将全国行政村这一级自治组织纳入国家财政安排，从此村委会的日常办公费用与村委会人员的收入获得了财政性工资保障，但村委会受到的自上而下的行政约束力因此而增加，其组织更趋行政化。这样，村委会在国家政权与乡土社会之间越来越难以扮演桥梁或纽带的作用。总而言之，在上述两个方面原因的影响下，国家与农民之间的公共连接机制需要进一步加强或优化。

毋庸置疑，基于“数字接点”的各种乡村数字治理模式在实践层面很好地回应了上述挑战，特别是借助于此能够较好地化解因“村民流出”而引发的一系列问题。比如，无论是上海市宝山区“社区通”模式还是浙江省桐乡市乌镇镇“乌镇管家”模式，都通过线上 + 线下的基本形式将党和国家的相关政策方针传达到辖区内的村民或居民，村民或居民也可以利用这些数字化平台来主动获取上述信息，诸如此类的数字化平台从而能够在国家政权与乡村社会之间起到衔接纽带的作用，因而是数字时代创新乡村社会治理结构体系的鲜活实践。

（二）回应需求的敏捷性

强调“积极回应需求”是公共服务的基本宗旨之一。基于“数字接点”的乡村治理结构体系主张“智能灵活、上下一体、动态适应、以人为本”

的价值要素，形成了一种高度自适应、高度灵敏和可持续发展的动态治理过程，相对于传统型的公共服务机制，基于数字技术的治理模式在回应社会需求上具有更高的敏捷性和及时性。比如，“社区通”就在其功能设计上为人们提供包括公共法律服务、家庭医生等在内的便民服务，这在一定程度上能够满足人们的所需所盼。“乌镇管家”不仅在线下成立了专业的网格化管家队伍来收集各类民生信息和需求，而且其打造的“1+4+X”模式中的“1”主要是针对村民在社会服务上的需求，“X”则主要将各类公共服务、社会治理等方面的数据、信息充分集合后形成治理舆情分布图，进而为决策分析和舆情管控等提供科学而客观真实的决策依据。社会治理的重要目的之一就是为人们提供各类公共产品和公共服务，而要做好此项工作的前提就是要准确地把握人们的社会需求，特别是随着数字技术对乡村社会关系和结构的重塑，一些新的社会需求不断产生，这不仅对公共产品和公共服务供给在数量和质量上提出了新的要求，而且对需求回应的及时性和敏捷性也提出了更高的要求。

［典型案例］

“村情通”使问题得到及时处理

2017 年 9 月 14 日清晨 6 时 3 分，三和村“村情通”管理员收到村民通过“村民信箱”反映该村白马自然村存在 2 处窨井盖缺失问题。6 时 5 分管理员及时作出“将尽快前往处理”的回复。由于井盖更新修复属于生活污水基础设施问题，无法由村“两委”自行解决，需专业人员前来处理。因此，由村网格长向乡政府工作人员汇报。6 时 7 分，乡政府联系了负责生活污水设施建设的施工方。8 时 30 分，施工方工作人员到场查看。10 时 58 分，施工方将新的窨井盖安装到那两处窨井口上。11 时 30 分，管理员通过“村民信箱”将处理结果向村民进行了回复。从“窨井盖去哪了”到“窨井盖装好了”，村民通过“村情通”反映的这个问题，仅用一上午就得到了妥善解决。

（资料来源：康晓强《“村情通”——新时代乡村治理新模式》，第 75 页。）

（三）整合资源的系统性

从既有的实践来看，基于“数字接点”的乡村数字治理平台还具有整合各类资源的功能。毫无疑问，乡村治理的开展必须建立在对相关资源的整合基础之上，然而当前在乡村治理资源整合上面临着来自两个方面的张力：一方面，自农业税费改革之后，国家与农民的关系由过去的资源汲取型转变为资源输入型，即国家主要通过“项目制”的方式对农村地区提供教育、医疗、文化和体育等方面的资金支持，这使得农村地区的公共服务和公共产品供给取得了长足的进步，使广大农民分享了经济发展和社会进步的成果。但另一方面，伴随着乡村人口的大规模外流，各类资源诸如人力、技术和管理等有形或无形资源随之流向乡村社会之外，这在很大程度上成为乡村发展以及乡村治理的制约瓶颈。因此，如何应对来自上述两个方面的张力以实现资源的有效整合是摆在乡村振兴战略面前的一道难题。

乡村数字治理接点平台接点功能再造立足于乡村这一中心治理场域，坚持内源发展与外源吸收的模式，有效地将资金、人力、信息、技术、管理等资源盘活为一体，助力乡村社会发展。一方面，在国家资源下沉与乡村资源激活的策略引领下，将信息、技术、人才、资金、权力等国家资源逐步下沉至基层；另一方面，在不断激活乡村内部自然资源禀赋的基础上，吸纳乡村风土人情、新型乡贤、村级各类组织等资源要素进入接点平台中，进而利用数字接点平台将本土资源与外来资源进行整合，进而为乡村发展和乡村治理注入新的活力。

第二节　利用数字技术破解乡村人才瓶颈制约

一、人才短缺是乡村发展最大的制约瓶颈

自《中共中央、国务院关于实施乡村振兴战略的意见》颁布以来，全国各地不断聚力乡村发展，农村面貌焕然一新，乡村振兴工作取得举世瞩目的成就,为加快农业农村现代化进程做出了积极的贡献。然而，在一系列成就取得的同时，我们在当前仍然面临着农村人口“空心化”这一巨大的挑战，这不仅导致现有农村人口结构失衡即常住人口主要以老人、妇女和儿童为主，而且乡村社会还面临着严重的青壮劳动力外流、人才短缺等问题。

人才是乡村发展的源动力，但从作者的调查和既有的相关研究来看，乡村人才短缺是当前乡村发展面临的最大制约瓶颈，这可以从以下几个方面得到一定的反映：首先，乡村“能人”流失比较严重。作者 2020 年暑假在甘肃省调研时，靖远县五合乡唐庄村一户唐姓人家正在盖新房，主人告诉我们现在农村盖房不仅很难请到像泥瓦工、木工等这样的“匠人”，而且即便是请到了，他们也收费很高，原因就是稍微有点手艺的人都去建筑工地了，只有在农忙的时候才回来。其次，乡村教师流失日趋严重。乡村教师是乡村人才重要的组成部分，是乡村基础教育的希望，但乡村教师留不住几乎是经济欠发达地区的一个

普遍问题。究其原因，除了工资待遇相对较低之外，相关研究认为不仅评定职称是“拦路虎”，而且在乡村从事教学工作的难度越来越大，其中一个重要原因就是为数不少的“留守儿童”增加了乡村教师正常教学之外的工作量[①]。最后，村庄组织涣散是农业税费改革之后乡村社会一个比较突出的问题，这背后折射的是乡村管理人才的短缺以及流失。作者在2014年和2018年曾两次到广东省云浮市调研乡贤理事会建设情况，其中一个发现就是没人愿意参加村干部选举，这一问题在自然村尤为突出，原因就在于乡村“能人”或者年轻人相对于担任村干部更愿意选择外出务工。尽管上述几个方面或许很难完全反映乡村人才流失和短缺的现状，但在一定程度上能够说明经济欠发达乡村面临人才短缺这一现实问题。

进一步来看，乡村人才短缺的原因主要有三：一是从就业环境来看，城镇不仅就业岗位相对较多，而且更能够为年轻人提供轻松愉快的工作氛围，符合年轻人的需求。二是相对于乡村，城镇更能够为人们提供完善的社会保障，有助于增强人们的职业稳定性。三是城镇相对拥有更优质的医疗和教育资源，从而能够满足人们在公共服务上的需求。总之，由于由来已久的城乡发展不平衡，城乡之间不仅存在上述三个方面的差距，而且在其他方面城镇也拥有明显的优势，这就造成了所谓的“虹吸效应”，因而乡村人才流失也就不足为奇了。然而，随着数字时代的到来，数字技术有望在一定程度上解决乡村人才流失这一问题。从乡村人才的来源来看，其无非有内部培养和外部吸引两个途径，诸多实践经验表明，数字技术均具有一定的积极作用。

---

① 王艳玲、李慧勤：《乡村教师流动及流失意愿的实证分析——基于云南省的调查》，载《华东师范大学学报（教育科学版）》，2017年第3期。

二、数字赋能本地人才发展

如何激活乡村内生动力尤其是动员“中坚农民”的主体力量，是强化乡村人才支撑的重要途径。随着数字经济的快速发展、人们消费习惯和生活方式等方面的变化，传统的销售模式越来越难以适应市场变化,培养乡村当地数字化人才可谓势在必行。从短期和长远发展来看，可从以下三个方面来推进这项工作。

首先，通过电商培训提升本地人才数字素养与技能。在近些年，组织各类电商培训班是各地提升本地人才数字素养和技能的主要做法，这往往由地方政府相关部门、企业和社会组织等来组织承办。主要面向当地有志于从事电商产业的相关人员，通过开设互联网和数字信息基础课程，培养电商直播、运营、客服和物流等领域的实践人才，进而助力数字乡村建设和乡村振兴战略的实施。比如，江苏省连云港市在 2021 年 5 月就启动了“e 起致富”苏货直播新农人培育行动暨公益直播电商培训班，其作为江苏省“我为群众办实事”重点项目，通过构建一套 12 门“互联网营销师”培训课程体系，开展了 30 场助农直播活动，帮助 1 万名以上新农人提升直播专业技能，在带动农业增效、农民增收、农村致富上起到了积极的推动作用。除此之外，黑龙江和云南等地在近两年也陆续开展了电商人才培训。

其次，各地在培养本地数字人才的同时，还要推动职业教育以适应数字时代的发展要求。职业教育为我国工业、农业和服务业培养了一批宝贵的人才，大力发展职业教育是推进我国工业化、现代化和城市化的重要途径。随着数字时代的加速到来，职业教育的内容和模式不能再局限于幼儿保育、机械和汽修等专业，而要主动适应时代发展需要和年轻劳动力青睐的新兴专业，比如影视剪辑、电商营销等新兴专业应成为职业学校的特色专业。在培养模式上，还应该积极推动校企合作模式，为相关企业输送与数字技术相关专业的人才。比如，阿里巴巴就与一些职业教育学校开展校企合作，以“订单”的方式培养和输送人才。

最后，从长远来讲，还要提升乡村基础教育的办学水平，优化中小学教育的社会环境。从部分与整体的关系来看，中小学教育是教育事业这个大厦的基石。俗话讲“基础不牢，地动山摇”，乡村基础教育对创新型数字化人才培养举足轻重。阿里巴巴在近些年一直在利用企业资源来推动欠发达县域的基础教育，比如，阿里巴巴不仅对河北省邢台市巨鹿县薄庄小学的宿舍、食堂和洗浴房等设施参考国际的建设标准进行了全方位提升，还在校园建设上注重学生的思想教育，阿里巴巴和当地政府合作在宿舍空间开辟“成长”和“感恩”主题的廊道文化，拓展育人渠道、传播“让孩子成为更好的自己”的育人理念。此外，学校还招聘了数名生活老师，对孩子进行精心的生活照料，保障孩子的身心健康，打造宿舍如“家”的氛围。生活老师在入职前需要接受阿里开设的为期一周的线上培训，重点关注乡村儿童尤其是留守儿童的心理问题[①]。也就是说，数字赋能本地人才发展还要从基础教育的具体工作抓起。在这方面，阿里巴巴的上述做法是值得肯定的，也是值得借鉴学习的经验。

（张北县电商服务站的直播间。资料来源：《欠发达县域数字化就业价值研究报告》，第 20 页。）

[①] 清华大学社会科学学院、阿里巴巴乡村振兴基金、阿里研究院联合课题组：《欠发达县域数字化就业价值研究报告》，2022 年 4 月，第 14 页。

[典型案例]

阿里巴巴助力巨鹿县数字乡村建设

影视后期制作培训班是阿里在巨鹿职教学校重点开办的特色项目，分为五个月的短期培训班（集训班）和三年的专业课程班，各招40人。集训班针对其他专业的学生，在原有专业的基础上新增一项技能，三年的专业班则是完整的影视后期技能培养。由阿里巴巴的蔡崇信基金会提供资金支持，阿里的专业机构提供师资支持，职教中心的老师跟班并接受培训，每年开展三次针对教师的拓展训练，还有12名老师前往阿里杭州总部参加阿里的免费培训。目前第一期短期集训班毕业，十余名学生已经在北京从事相关行业，部分优秀毕业人才被阿里的相关公司吸纳。

此外，在阿里和国家外汇管理局的协作下，巨鹿职教学校建立了全县最好的虚拟演播室，引进一流电视台演播设备，为学生日常上课所用，还设立电子阅读室，让学生有机会接触新兴电子设备，增长见识。

数字化融入职业教育的内容、形式等多个环节，提升了学生的数字化思维和数字化技能，有助于增强其在劳动力市场上的竞争力。

（资料来源：清华大学社会科学学院、阿里巴巴乡村振兴基金、阿里研究院联合课题组《欠发达县域数字化就业价值研究报告》，第19页。）

三、“云上村民”吸引外部人才进入乡村

强化乡村振兴人才支撑除了培养本地人才之外，还要鼓励、吸引和汇聚更多的来自乡村之外的人才进入乡村。《中共中央、国务院关于实施乡村振兴战略的意见》围绕“汇聚全社会力量，强化乡村振兴人才支撑”，明确指出要鼓励社会各界投身乡村建设。建立有效激励机制，以乡情乡愁为纽带，吸引支持企业家、党政干部、专家学者、医生教师、规划师、建筑师、律师、技能人才等，通过下乡担任志愿者、投资兴业、包村包项目、行医办学、捐资捐物、法律服务等方式服务乡村振兴事业。研究制定管理办法，允许符合要求的公职人员回乡任职。吸引更多人才投身现代农业，培养造就新农民。加快制定鼓励引导工商资本参与乡村振兴的指导意见，落实和完善融资贷款、配套设施建设补助、税费减免、用地等扶持政策，明确政策边界，保护好农民利益。发挥工会、共青团、妇联、科协、残联等群团组织的优势和力量，发挥各民主党派、工商联、无党派人士等积极作用，支持农村产业发展、生态环境保护、乡风文明建设、农村弱势群体关爱等。实施乡村振兴“巾帼行动”。加强对下乡组织和人员的管理服务，使之成为乡村振兴的建设性力量。

上述国家政策的不断出台，不仅为社会各界投入乡村振兴战略指明了方向，而且激发了社会力量不断加入乡村振兴这项伟大的事业。在近些年，除了像“新乡贤”这样的模式之外，一些地方开始利用数字技术来创新强化乡村振兴人才支撑，像福建屏南县开展的“云上村民”就为我们在数字时代如何强化乡村振兴人才提供了很好的借鉴和思路，具体可参见后面的案例。

“云上村民”这一实践至少能够为我们提供如下几个方面的思考或经验：第一，直面乡村发展“真”问题，齐心合力谋发展。乡村地区往往面临产业基础薄弱、人口要素外流、人才和技术瓶颈等现实难题。

福建屏南县通过“云上村民”推动政府、村民、企业、社会多方共同参与，因地制宜地探索符合地方特色和资源禀赋的发展路径，这在一定程度上促进了人才、资金、市场资源等要素在城乡之间的双向流动。第二，通过数字技术创新社会力量与乡村社会的连接方式。数字网络技术具有突破时空局限的优势，有助于促进跨时空交流、沟通以及合作，“数字村民‘云’连接”正是借助于数字网络技术，将企业家、党政干部、专家学者、规划师等人才引入乡村，服务于乡村振兴事业。第三，以“云上村民”为代表的实践若要实现可持续发展，就必须建立“云村民”与本地人以及相关行动主体之间的互惠机制。从案例来看，企业家、党政干部、专家学者、规划师等人才之所以愿意成为“云村民”，除了其能够满足他们的精神需求和实现自我价值之外，“云村民”还享有数字藏品一份、村庄闲置资产承租优先权等多项权益。总之，尽管“云上村民”的成效还有待于实践的检验，但其作为数字时代乡村振兴的一种探索是值得肯定的。

[典型案例]

“云村民暨百村数字村民计划”在福建屏南县举行

2022 年 5 月 18 日下午，“云四坪 · 云村民暨百村数字村民计划”发布会在福建屏南县熙岭乡四坪村举行，全国首批“云村民”诞生。福建省人大常委会原副主任、福建省乡村振兴研究会会长潘征受邀成为“#001”号“云村民”。福建省屏南县政协党组书记、主席张德力，屏南县委副书记阮志勇，屏南县委常委、宣传部部长韦孝珠与四坪民新老村民、屏南乡村振兴研究院专家以及“云村民”代表，共同见证了这一时刻。

“云四坪·云村民暨百村数字村民计划”在线下启动的同时,《四坪村·云村民》系列数字藏品在女娲数字藏品平台同步上线,吸引了全国上千名数字藏品爱好者、关注乡村振兴事业的网友支持。

阮志勇在发布会致辞中向“云村民”们表示欢迎,希望他们早日来到屏南,共同建设美好家园。他同时表明了对该项目的期待,“全国首个云村民在屏南正式上线,以更潮流和时尚的方式助力乡村振兴,期望数字技术能为乡村带来新的活力”。

据了解,“云四坪·云村民”项目由福建省宁德市屏南县四坪村委会、国仁数字和北京爱故乡联合发行。

国仁数字总经理陈士华介绍,为解决农村产业基础薄弱,人口要素持续外流等问题,国仁数字团队积极探索将数字技术与乡村振兴相结合,将农村资产、权益、非遗产品、文化产品等开发成数字产品,提高其投资性和流通性,让村庄和农民能够获得多重收入,同时带动产业发展和人才回流,形成人才、产业、治理的有效正向循环。

“数字村民‘云’连接,为乡村引资、引智、引市场,以数字藏品为媒介,可实现人才、资金、市场资源等要素在农村和城市的双向流动,增强城乡互动,推动农村社会、产业、经济发展。”陈士华表示。

发布会上,四坪村委会赠予福建省天文学会理事长、福建师范大学教授余明,福建农林大学教授、屏南乡村振兴研究院生态农业与生态文明转型研究中心主任王松良,北京爱故乡文化发展中心副总干事、村歌计划发起人孙恒,北京爱故乡文化发展中心总经理邹长斌,西南大学教授、屏南乡村振兴研究院执行院长潘家恩“云村民”纪念相册,以感谢他们对四坪村做出的特殊贡献,并邀请他们成为首批“云村民”。

最后，著名“三农”问题专家、屏南乡村振兴研究院院长、四坪村荣誉村民温铁军教授通过连线作了总结发言，并宣布“云四坪 · 云村民暨百村数字村民计划”正式启动。

“当人们物质上的需求越来越容易得到满足时，精神上的需求，特别是在虚拟空间中获得各式各样体验的需求将变得越来越重要，这种需求可以是超越空间界限的。将来城乡之间的融合在很大程度上需要依靠这种沉浸式体验来实现，这就是‘云村民’，以及我们正在推进的‘百村数字村民’计划所关注的。”温铁军表示。

温铁军说：“前几年数字经济刚刚兴起的时候，就有大量头部互联网企业跟我们联系，提出要下乡。我们发现，这些企业其实主要开发的是C端（消费端）市场，他们凭借手握的消费端数字资源，形成了平台经济。而我们今天做的，恰恰是那些头部公司很难做到的事情，即在P端（生产端）做事情。”

他进一步解释，所谓村民，是指和自然过程紧密结合的生产者。当我们将其可记录的活动上云存储的时候，就意味着对这些分散的小生产数据初步实现了在生产端的描述，这是具有重大意义的。“这种数据的拓展不限于经济领域，还可以延伸到生态产业化、生态资本深化等领域，这是‘云村民’项目下一步可能会有的经济前景。”温铁军说。

（资料来源：西南大学乡村建设研究院网站。）

第三节 “线上议事”推进乡村治理能力现代化

一、关于“治理有效”的政策阐释

在乡村振兴战略“产业兴旺、生态宜居、乡风文明、治理有效、生活富裕”二十字总要求中，“治理有效”是基础。围绕“治理有效”，相关政策和文件均对其进行了阐释与补充。《中共中央、国务院关于实施乡村振兴战略的意见》提出“必须把夯实基层基础作为固本之策，建立健全党委领导、政府负责、社会协同、公众参与、法治保障的现代乡村社会治理体制，坚持自治、法治、德治相结合，确保乡村社会充满活力、和谐有序”，并从加强农村基层党组织建设、深化村民自治实践、建设法治乡村、提升乡村德治水平、建设平安乡村共五个方面提供了指导意见。其中，在深化村民自治实践方面，该文件明确指出：“依托村民会议、村民代表会议、村民议事会、村民理事会、村民监事会等，形成民事民议、民事民办、民事民管的多层次基层协商格局。积极发挥新乡贤作用。推动乡村治理重心下移，尽可能把资源、服务、管理下放到基层。”1987 年《村民委员会组织法（试行）》实施后，一个“乡政村治”的农村社会治理格局就开始形成，国家希望通过政府与村委会这一自治组织的合作来推动乡村社会的发展。“乡政村治”包含“乡政”和“村治”两个层面的内容，“乡政”即国家在乡镇设置最低一级政府，代表国家对乡村进行管理；“村治”即村民自治，在农村成立自治组织，实行民主选举、民主决策、民主管理和民主监督。毋庸置疑，村民自治一直以来都是解决乡村社会发展的重要制度设计，而协商或议事是实现村民自治中“四个民主”的基本机制。因此，如何推动村民协商或议事不仅是村民自治的核心问题，更是实现“治理有效”的关键所在。

随着互联网技术的日益发展和普及，尤其在数字技术对乡村社会关系和结构的不断重塑之下，推动乡村数字治理和建设乡村数字治理体系不仅变得日益迫切，而且是国家相关政策所主张的重要内容之一。比如，在中共中央办公厅和国务院办公厅联合印发的《数字乡村发展战略纲要》中就围绕“推进乡村治理能力现代化”提出要“推动‘互联网 + 党建’。建设完善农村基层党建信息平台，优化升级全国党员干部现代远程教育，推广网络党课教育。推动党务、村务、财务网上公开，畅通社情民意”。《数字农业农村发展规划（2019—2025 年）》围绕“建设乡村数字治理体系”明确提出要“推动‘互联网 +’社区向农村延伸，提高村级综合服务信息化水平，逐步实现信息发布、民情收集、议事协商、公共服务等村级事务网上运行”。《数字乡村发展行动计划（2022—2025 年）》在“数字治理能力提升行动”中提出“推广村级事务‘阳光公开’监管平台，推进村级事务及时公开、随时查看。进一步丰富村民自治手段，推进村民在线议事、在线监督”。不难看出，《数字农业农村发展规划（2019—2025 年）》《数字乡村发展行动计划（2022—2025 年）》均提出要逐步实现议事协商网上运行和在线议事等相关规划或行动计划，这对数字时代的乡村社会治理提出了新的要求，也指明了新的发展方向。

二、基层“在线议事”的实践与探索

随着数字技术对乡村社会关系和结构的重塑，农村居民社会参与不断趋于网络化，这主要表现在公共事务参与网络化和利益诉求表达数字化这两个方面。事实上，在“在线议事”相关政策出台之前，一些地方就诞生了“在线议事”的雏形。作者作为团队成员之一在 2014 年 7 月赴广东省云浮市调研乡贤理事会建设时，就观察到当地乡贤采用微信和 QQ 讨论村庄公共事务的事实。在云浮市各级政府的指导下，乡贤理事会建立了“三级会议”制度，即由理事会会议、扩大会议（乡贤和村干部共同参与）和村民代表会议构成“三级会议”。其中，理事会会议就是在微信和 QQ 这样的社交平台召开，这不仅提高了议事的效率，也方便了那些生活和工作在外地的乡贤，因为这样做不至于让他们增加额外的负担。我们有理由相信，在当时不仅仅是云浮市乡贤理事会利用微信和 QQ 这样的社交工具进行线上议事。在今天，随着腾讯会议、钉钉等软件平台的不断开发和推广使用，人们在线上召开会议、协商议事的频率越来越高，线上交流互动和协商议事日益融入人们的日常生活和工作，甚至成为人们的日常生活方式之一。正是在这样的背景下，一些地方开始着手探索在线上议事的具体运作方式，以寻求解决基层治理中遇到的一些“疑难杂症”。

“有事好商量——‘码’上议”是江苏省淮安市政协为贯彻落实全过程人民民主而打造的群众协商民主议事平台。数据显示，截至 2021 年 12 月底，该平台累计征集各类议题 27073 个，组织开展线上线下协商议事活动超 14661 场次，议题采用率达 54.2%，解决群众“急难愁盼”的民生问题 9735 个，群众跟帖建议、点赞互动超 115 万人次。因此，“‘码’上议”被群众誉为“永不落幕的协商议事室”。我们可以通过以下几个方面来认识“‘码’上议”这一数字化平台：首先，从其基本架构来看，主要包括“码”上征题、“码”上建议、“码”上协商和“码”上查情四个栏目，分别对应发布议题、提出建议、参与议事室现场协商和了解并监督议事成果转化四大功能。其次，从其运作方式来看，通过这一数字化平台可以让不同地方的人同时参与协商议事。与过去大不一样，“云成员”只要通过扫描专用二维码或“‘码’上议”小程序就可以进入“议事室”来参与议事，也可以表达自己的诉求和建议。除此之外，为推进“有事好商量——‘码’上议”工程，淮安市为全市1700多个协商议事室各自分配了专属二维码，实现镇（街道）和村（社区）“两个全覆盖”。各协商议事机构在使用“‘码’上议”开展议事活动时，每一个环节的数据信息都会自动关联到专属二维码上，基本能够实现无缝流转。最后，就其本质特征而言，“‘码’上议”通过平台搭建、规范运行、多方参与，系统回答了“在哪里议、如何议、谁来议”等关键问题。中国人民大学习近平新时代中国特色社会主义思想研究院研究员陈家刚曾撰文指出，“有事好商量——‘码’上议”，是江苏省政协“有事好商量”协商议事工作的基层实践、制度载体、依托平台和工作抓手，真正体现了全过程的人民民主。这在一定程度上很好地概括了“‘码’上议”这一数字化平台的本质特征。

[典型案例]

杭州余杭区借助“云端议事”化解社区治理难题

杭州市余杭区仓前街道太炎花苑小区5号楼北侧有个“一米花田”，以花为名，是周边居民茶余饭后的打卡地，特别是最近天热起来了，晚饭后来遛弯的人就更多了。

说起这个“一米花田”，原先也是杂草丛生、垃圾乱倒、蚊虫滋生的卫生死角，“脏乱差”摇身变成亮丽风景线，“云端议事团”功不可没。

这个云端议事团由未来科技城、仓前街道、社区干部代表、孵化器创客代表、小镇运营方及物业管理公司的党员组建而成。平时，辖区发生的一些小事，议事团成员都可以通过建立微信群采取“小事线上随时议，难事联席定期议”的议事模式，就社会意见建议、辖区矛盾纠纷开展“微协商”。

钱肖阳是梦想小镇杭报第七空间的工作人员，同时也是仓前云端议事团的成员之一。平日里，钱肖阳主要对接一些创业项目，同时服务孵化器内的年轻创客。参与云端议事团，钱肖阳可谓“近水楼台”。

“云端议事团很好地发挥了小镇特有的‘指尖文化’，这很符合仓前的双创气质。”钱肖阳表示，年轻人动动手指就能在网上反映诉求。云端议事团成员也能第一时间洞悉辖区年轻人的需求，同时做好沟通协调和服务跟进。

仓前街道地处未来科技城腹地，也是梦想小镇的所在地。近年来，在经济社会高质量发展的带动下，仓前街道创新人才涌动，创业企业扎堆。如何让创客群体更好地融入当地生活，仓前街道不断探索求新——除了云端议事团，还成立党群服务中心和梦想红仓党群服务驿站，做深“微服务”；根据不同服务对象、针对不同服务需求，与未来科技城、浙大一院、余杭农商银行、杭师大等单位通过区域化党建联盟，因地制宜开展“微共建”。仓前街道相关负责人表示，云端议事团是街道持续深化开展“走亲连心三服务”活动的一项重要举措，也是党群服务零距离的一次探索，推动党群服务工作再深化。

（资料来源：《杭州日报》，2020 年 8 月 7 日。）

三、“线上议事”是符合时代发展要求的治理手段

首先，从“线上议事”的必要性来看，其不仅是实现“治理有效”这一要求的基本策略，而且是体现全过程人民民主的重要内容。作者在对广东省云浮市乡贤理事会建设的调研时，一位基层干部颇有心得地告诉我们“基层工作都是‘磨’出来的”，他还说：“所谓的‘磨’就是你得和群众一次又一次的商量，就是‘磨嘴皮子’‘磨鞋子’，因

为做群众工作你不能只追求效率，还必须尊重群众的意愿和想法，这就需要很好的耐心去‘磨’。”这段话不仅很好地为我们诠释了协商议事在基层工作中的重要性，而且从个人细微的体验说明了若要真正实现“治理有效”，就必须将协商议事作为基层干部的重要工作手段。村民自治的核心内容是民主选举、民主决策、民主管理和民主监督，这也是体现全过程人民民主的重要内容，因为全过程人民民主就是一个事关民主如何实现的问题。换言之，只有真正践行好协商议事等制度，才有可能实现“治理有效”这一乡村振兴的要求，也才能真正体现全过程人民民主。

其次，从“线上议事”的可能性来看，不仅各种有关乡村治理的数字化平台在近些年得到了较快的发展和建设，而且农村居民借助网络进行公共事务参与和利益诉求表达的人群占比越来越高，这两个方面的变化为“线上议事”创造了非常有利的条件。虽然作者在前面只是介绍了诸如“村情通”、“社区通”和“乌镇管家”等较为典型的关于乡村治理的数字化平台，但事实上全国有为数不少的地方建设了类似的数字化乡村治理平台。此外，作者在第二章已非常充分地说明了在数字技术重塑乡村社会关系和结构的背后，人们不仅正在体验着数字技术带来的便捷性，而且数字技术已经深深地融入人们日常生活和工作之中，这意味着利用数字技术来解决人们日常生活中遇到的各种问题，几乎成为一种“家常便饭”的事情了，因此“线上议事”也就逐渐成为人们进行公共参与和利益诉求表达的重要方式。

第六章
新作为：夯实乡村数字经济发展的基础工作

从当前来看，发展乡村数字经济是顺应时代潮流、满足人民群众所需所盼的历史性使命，也是不断定型的乡村社会关系和结构对经济发展提出的新要求，各地各级政府要立足实际、谋划长远、积极作为，尤其要在准确把握时代脉搏和社会需求的基础上着重从完善优化乡村数字基础设施、提升农民数字素养和技能、打造乡村数字经济新业态新模式这三个方面夯实乡村数字经济发展的基础工作，只有这样才有可能在数字乡村建设中抢先机、抓机遇、促发展，才能为推动乡村振兴战略的实施做出应有的贡献。

第一节　继续完善优化乡村数字基础设施

一、正确把握相关政策精神

乡村数字基础设施是数字乡村建设的基本物质保障，更是推动乡村振兴战略和实现农业农村现代化的重要前提。自党的十九大报告提出“加强水利、铁路、公路、水运、航空、管道、电网、信息、物流等基础设施网络建设”以来，《中共中央、国务院关于实施乡村振兴战略的意见》《数字乡村发展战略纲要》《数字农业农村发展规划（2019—2025 年）》《中共中央、国务院关于全面推进乡村振兴加快农业农村现代化的意见》《数字乡村发展行动计划（2022—2025 年）》等政策文件相继就加强乡村数字基础设施建设提出了指导意见或制定了行动计划，这为夯实乡村数字基础设施建设提供了有力的制度保障。

《中共中央、国务院关于实施乡村振兴战略的意见》就“提升农业发展质量，培育乡村发展新动能”共提出了五项指导意见，其中第一项就是“夯实农业生产能力基础”，要求“大力发展数字农业，实施智慧农业林业水利工程，推进物联网试验示范和遥感技术应用”。《数字乡村发展战略纲要》提出的十项重点任务中，第一项任务就是“加快乡村信息基础设施建设”，主要从大幅提升乡村网络设施水平、完善信息终端和服务供给、加快乡村基础设施数字化转型三个方面提出了相应的要求。《数字农业农村发展规划（2019—2025 年）》在分析发展形势的前提下，提出了构建基础数据资源体系、加快生产经营数字化改造、推进管理服务数字化转型、强化关键技术装备创新和加强重大工程设施建设共五项总体规划。其中，涉及乡村数字基础设施的主要有两项：一是构建基础数据资源体系。具体包括建设农业自然资源大数据、建设重要农业种质资源大数据、建设农村集体资产大数据、建设农村宅基地大数据、健全农户和新型农业经营主体大数据五项任务。二是加强重大工程设施建设。第一个是国家农业农村大数据中心建设工程，包括国家农业农村云平台、国家农业农村大数据平台、国家农业农村政务信息系统三个建设工程。第二个是农业农村天空地一体化观测体系建设工程，包括农业农村天基观测网络建设应用项目、农业农村航空观测网络建设应用项目和农业物联网观测网络建设应用项目。第三个是国家数字农业农村创新工程，包括国家数字农业农村创新中心建设项目、重要农产品全产业链大数据建设项目和数字农业试点建设项目。

2021 年 1 月 4 日印发的《中共中央、国务院关于全面推进乡村振兴加快农业农村现代化的意见》，提出了实现巩固拓展脱贫攻坚成果同乡村振兴有效衔接、加快推进农业现代化、大力实施乡村建设行动和加强党对“三农”工作的全面领导共四个方面的指导意见。其中，围绕大力实施乡村建设行动，文件提出了加快推进村庄规划工作、加强乡村公共基础设施建设、实施农村人居环境整治提升五年行动、提升农村基本公共服务水平、全面促进农村消费、加快县域内城乡融合发展、强化农业农村优先发展投入保障和深入推进农村改革共八项具体要求。数字基础设施是乡村公共基础设施建设的重要组成部分，文件提出，要“实施数字乡村建设发展工程。推动农村千兆光网、第五代移动通信（5G）、移动物联网与城市同步规划建设。完善电信普遍服务补偿机制，支持农村及偏远地区信息通信基础设施建设。加快建设农业农村遥感卫星等天基设施。发展智慧农业，建立农业农村大数据体系，推动新一代信息技术与农业生产经营深度融合”。

二、我国乡村数字基础设施建设的成就和短板

在上述政策促动之下，全国各地掀起了一场强化乡村数字基础设施的热潮，取得了十分显著的进步和成就，但也存在一些短板和弱项。

（一）主要成就

首先，乡村信息设施装备条件明显得到改善。截至 2019 年，全国行政村通光纤和通 4G 比例均超过 98%，提前实现国家“十三五”规划纲要目标，贫困村通宽带比例超过 94%。农村每百户有计算机和移动电话分别达到 29.2 台和 246.1 部。农业遥感、导航和通信卫星应用体

系初步确立,适合农业观测的高分辨率遥感卫星“高分六号”成功发射。物联网监测设施加速推广，应用于农机深松整地作业面积累计超过 1.5 亿亩。“雪亮工程”是以县、乡、村三级综治中心为指挥平台、以综治信息化为支撑、以网格化管理为基础、以公共安全视频监控联网应用为重点的“群众性治安防控工程”。近年来，在各级党委的领导下，综治部门切实把“雪亮工程”作为一项民心工程来抓,扎实推进工程实施,行政村覆盖率快速提升,农村居民的安全感显著增强。2020 年全国“雪亮工程”行政村覆盖率达到 77.0%，较上年提升 10.3 个百分点[①]。总体来看，以“雪亮工程”等为代表的乡村信息设施装备条件得到了较大的改善。

其次，我国乡村数字基础设施建设的成就还可以通过财政和社会资本投入得到间接反映。一方面，对农业农村信息化发展的重视主要体现在财政投入上，近年来，财政支持力度不断加大。2020 年全国县域农业农村信息化建设的财政投入总额达到 341.4 亿元，县均财政投入 1292.3 万元，较上年提升 65.3%；乡村人均财政投入 46.0 元，较 2019 年提升 79.6%。另一方面，在乡村振兴战略的带动下，社会资本投资建设农业农村信息化的积极性持续高涨，市场优化配置资源作用日益凸显。2020 年全国县域农业农村信息化建设的社会资本投入为 809.0 亿元，是财政投入的 2.4 倍。县均社会资本投入 3062.3 万元、乡村人均 109.0 元，分别比 2019 年增长 49.1% 和 62.2%[②]。

（二）存在的短板

首先，乡村信息基础设施建设明显滞后于城市。农业农村部市场

① 农业农村部市场与信息化司、农业农村部信息中心:《2021 全国县域农业农村信息化发展水平评价报告》，2021 年 12 月，第 10—11 页。

② 农业农村部市场与信息化司、农业农村部信息中心:《2021 全国县域农业农村信息化发展水平评价报告》，2021 年 12 月，第 14—17 页。

与信息化司、农业农村部信息中心在2020年的监测评价数据显示，全国县域互联网普及率[①]为70.3%，与城镇地区互联网普及率[②]相比还有8个百分点的差距。家庭宽带入户率不足50%的县(市、区)有572个，不足20%的有221个，占比分别高达21.7%、8.4%。目前5G基站建设仅延伸到大城市郊区、县城和人口比较集中的乡镇，农村严重滞后于城市。特别需要指出的是，面向农业生产的4G和5G网络、遥感卫星、北斗导航、物联网、农机智能装备、大数据中心、重要信息系统等信息基础设施，在研发、制造、推广应用等方面都远远落后于农业现代化发展的实际需求。

其次，乡村信息基础设施建设的资金投入不足。据统计，2020年全国县域农业农村信息化建设的财政投入仅占国家财政农林水事务支出的1.4%[③]。农业农村部市场与信息化司、农业农村部信息中心在2020年的监测评价数据显示，2020年全国有535个县（市、区）基本没有用于农业农村信息化建设的财政投入，占有效样本[④]县（市、区）的20.2%；有668个县（市、区）财政投入不足10万元，占比约为25.3%；财政投入超过1000万元的县（市、区）只有490个，占比仅为18.5%。从社会资本投入来看，2020年全国有841个县（市、区）基本没有社会资本投入，占有效样本县（市、区）的31.8%；有906个县（市、区）社会资本投入不足10万元，占比约为34.3%；社会资本投入超过1000万元的县（市、区）只有740个，占比仅为28.0%[⑤]。当然，除了上述两个主要方面之外，我国乡村数字基础设施建设上存

① “县域互联网普及率”指网民数占全县常住人口数的比重。

② 本数据来源于中国互联网络信息中心第48次《中国互联网络发展状况统计报告》。

③ 本数据来源于国家统计局。

④ 在农业农村部市场与信息化司、农业农村部信息中心开展的2020年监测评价数据中，有效样本县（市、区）为2642个，基本覆盖全国所有涉农县域，其中东部地1763个、中部地区849个、西部地区1030个，覆盖50.9万个行政村。

⑤ 农业农村部市场与信息化司、农业农村部信息中心:《2021全国县域农业农村信息化发展水平评价报告》，2021年12月，第22—23页。

在的短板或弱项还包括一些县（市、区）的相关机构队伍有待建立健全等问题，但限于篇幅，此处不再赘述。

三、推进乡村数字基础设施建设的基本路径

《数字乡村发展行动计划（2022—2025）》共提出了八大行动计划，其中第一个行动即数字基础设施升级行动，包括推进乡村信息基础设施优化升级和推动乡村传统基础设施数字化改造升级两个具体计划，这其实为推进乡村数字基础设施逐步完善和优化提供了基本建设路径。

（一）推进乡村信息基础设施优化升级

持续实施电信普遍服务，开展农村地区 4G 基站补盲建设，逐步推动 5G 和千兆光纤网络向有条件、有需求的乡村延伸。持续推进城市农村“同网同速”,优化提升农村宽带网络质量。探索运用卫星等多种手段，提升农村及偏远地区学校、医院网络接入水平和质量。深入实施智慧广电建设工程，依托有线电视网络承载智慧乡村服务。优化广播电视业务网络，推动广播电视服务走向“终端通”“人人通”。优化农村信息服务基础设施建设，有序推进农业农村、商务、民政、邮政、供销等部门农村信息服务站点的整合共享，推广“多站合一、一站多用”。鼓励开发适应“三农”特点的信息终端、技术产品、移动互联网应用软件，不断丰富“三农”信息终端和服务供给。

（二）推动乡村传统基础设施数字化改造升级

完善农村公路基础数据统计调查制度，强化电子地图定期更新，提升农村公路管理数字化水平，推动“四好农村路”高质量发展。加快农村电网数字化改造，实施农村电网巩固提升工程，补强农网薄弱环节。加快农村水利工程智慧化、水网智能化，进一步加强全国河长

制湖长制管理信息系统建设和应用，推动各类信息共享和联动更新。支持国家骨干冷链物流基地、区域性农产品冷链物流设施、产地冷链物流设施等建设，补齐冷链物流短板。

第二节　不断提升农民数字素养与技能

一、关于提升农民数字素养与技能的政策要求

广大农民是实现乡村振兴和推进数字乡村建设的主体，只有不断提升农民的数字素养与技能，才能为全面建设社会主义现代化国家提供强大的数字动力支撑和坚实的人力资源基础，也有助于增强广大农民群众的获得感。在党的十九大报告有关实施乡村振兴战略的内容中提出“培育新型农业经营主体”之后，《中共中央、国务院关于实施乡村振兴战略的意见》《数字乡村发展战略纲要》《数字农业农村发展规划（2019—2025年）》《数字乡村发展行动计划（2022—2025年）》《提升全民数字素养与技能行动纲要》等均对培育新型职业农民、提升农民数字素养与技能等提出了相应的意见或要求。

《中共中央、国务院关于实施乡村振兴战略的意见》在“汇聚全社会力量，强化乡村振兴人才支撑”中提出，要大力培育新型职业农民，全面建立职业农民制度，完善配套政策体系，实施新型职业农民培育工程，支持新型职业农民通过弹性学制参加中高等农业职业教育，创新培训机制，支持农民专业合作社、专业技术协会、龙头企业等主体承担培训，引导符合条件的新型职业农民参加城镇职工养老、医疗等社会保障制度，鼓励各地开展职业农民职称评定试点。《数字乡村发展战略纲要》提出的相关规划主要有两个：一是支持新型农业经营主体和服务主体发展。完善对农民合作社和家庭农场网络提速降费、平台

资源、营销渠道、金融信贷、人才培训等政策支持，培育一批具有一定经营规模、信息化程度较高的生产经营组织和社会化服务组织，促进现代农业发展。二是大力培育新型职业农民。实施新型职业农民培育工程，为农民提供在线培训服务，培养造就一支爱农业、懂技术、善经营的新型职业农民队伍。实施“互联网 + 小农户”计划，提升小农户发展能力。此外，《数字农业农村发展规划（2019—2025 年）》也提出了加强数字农业农村业务培训，开展数字农业农村领域人才下乡活动，普及数字农业农村相关知识，提高“三农”干部、新型经营主体、高素质农民的数字技术应用和管理水平等相关要求。《数字乡村发展行动计划（2022—2025 年）》围绕八大行动计划提出了六项保障措施，其中在“加强人才支撑”这项措施上提出要“鼓励和引导大中专毕业生、退伍军人、返乡就业人员等参与数字乡村建设。推动各地依托区域内高校、农业龙头企业等资源，培养实用型农村信息技术人才。积极开展农村创业、科技服务、生产经营、电商服务、劳务品牌等领域人才培训活动”。由中央网络安全和信息化委员会印发的《提升全民数字素养与技能行动纲要》围绕全民数字素养与技能提升，在阐述发展形势与重要意义和实施总体要求的基础上，提出了丰富优质数字资源供给、提升高品质数字生活水平、提升高效率数字工作能力、构建终身数字学习体系、激发数字创新活力、提高数字安全保护能力和强化数字社会法治道德规范共七项主要任务和重点工程，最后提出加强组织领导、加大政策支持、开展试点示范、强化考核评估、加强宣传推广和深化国际合作共六项保障措施。其中，在“提升高效率数字工作能力”这项主要任务和重点工程中，围绕提升农民数字技能指出：构建现代农业科教信息服务体系，优化完善全国农业科教云平台，汇集整合新技术推广、电商销售、新媒体应用等优质培训资源，持续推进农民手机应用技能培训工作，提高农民对数字化“新农具”的使用能力。引导企业、公益组织等参与农民数字技能提升工作，推动数字服务和培训向农村地区延伸。

总体来看，上述五个政策文件均不同程度地就提升农民数字素养与技能提出了相关要求，这为全国各地因地制宜地开展相关探索与实践提供了政策指引。

二、政府主导模式与政企合作模式

大致来看，在提升农民数字素养与技能方面，目前国内主要有政府主导模式和政企合作模式，前者主要由政府相关部门来具体推动实施，后者则由政府与企业共同合作完成。

（一）政府主导模式：以广西富川县为例

在第四章中，我们已经根据相关报道和资料介绍了广西富川县在创新农村产业新业态模式上的相关经验。从主要做法来看，富川县首先做的工作就是建立旅播基地，把电商人才培养放在推进电商发展的首位。2020 年，富川县通过在岔山村建立旅播基地的方式，开展电商技能培训，促进农村群众转变观念，提升电商技能，引导村民运用数字化营销手段，通过各类媒体、互联网平台直播以及短视频等方式多形式多渠道大力宣传、推介本地农特产品和文化景点，紧抓“直播 + 短视频”的电商风口，培育直播带货“新农人”，促进“互联网 + 农业 + 旅游”融合发展。2021 年，共组织电商线上线下培训 45 场次，培训学员 6000 余人次，为“村播 +”电商发展提供有力人才支撑。在做好电商人才培养的同时，富川县不仅依托“村播 +”模式带动群众增收，而且通过培育主导产品、网红单品和创意新品逐步建立了多元“村播”带货产品矩阵，从而在脱贫攻坚和乡村振兴中取得了一定的成就，也为其他县域提供了可供参考的经验。

不难看出，富川县在推动农村产业新业态发展模式上主要依靠政府部门的力量来促进其发展。或者说，至少从相关资料和报道来看，由企业或社会组织主导参与的成分较少。因此，我们可以将类似于富川县的相关做法称作为政府主导模式。

（二）政企合作模式：以河北省巨鹿县为例

为了响应国家号召，在2021年5月17日下午，阿里巴巴集团宣布“阿里巴巴脱贫基金”全面升级为乡村振兴基金，将从科技振兴、产业振兴和人才振兴三个方向推进实施“热土计划”。从其主要思路来看，阿里巴巴集团依托企业资源、品牌、技术等优势，与政府合作开展公益性欠发达县域支持计划，积极服务于国家的乡村振兴战略，河北省邢台市巨鹿县和张家口市张北县是阿里巴巴集团旗下乡村振兴基金支持的县域。2021年12月至2022年2月，清华大学社会科学学院、阿里巴巴乡村振兴基金、阿里研究院联合课题组在参阅大量资料和数据的基础上，前往巨鹿县和张北县开展了深入的调研，通过与政府人员座谈、访谈、问卷调查等手段收集了一手资料，然后在2022年4月撰写并发布了《欠发达县域数字化就业价值研究报告》（以下简称《就业报告》），下面主要参考该《就业报告》，重点围绕农民数字素养与技能提升，以巨鹿县为例尝试总结相关做法和经验。

与前面介绍的广西富川县这一政府主导模式不同，巨鹿县所代表的政企合作模式最主要的特点之一就是以就业为导向来提升当地农民的数字素养与技能。或者说，解决就业问题是巨鹿县这一政企合作模式的基本抓手或切入点。《就业报告》对这一模式做了如下总结：“阿里巴巴在县域开展的数字化就业项目主要包括创造就业机会，提升就业质量和赋能本地人才这三个过程；在一些县域形成了‘引回来’‘留得住’‘促发展’的人才振兴模式雏形。项目对于县域整体的经济发展、社会进步和个体价值实现等产生了重要作用；第一，通过对接线上平台增加了当地企业的产品销量、促进产业的数字化和品牌化升级，带动了当地商业发展；第二，为当地提供就业岗位、吸引人才回流，通过数字化职业教育为青年赋能，并促使县域提升医疗服务水平；第三，为县域家庭增加了收入来源和保障，并促使家庭成员的团结，增进了家庭的凝聚力；第四，协同蚂蚁等生态伙伴为女性提供了就业的机会，增强了她们的个体价值感，更增进了县域青年整体的主观幸福感。”

此外，以巨鹿县为代表的政企合作模式还有如下几个值得探讨的问题：第一，由企业参与或组织的农民数字素养和技能提升更善于把握市场对就业岗位的需求，尤其像阿里巴巴这样的电商巨头更具有明显的资源优势。第二，农民数字素养与技能提升不是局限于某一方面，而是一个宏大的系统性工程，牵涉到经济、政治、文化和社会等诸多方面。在数字技术重塑乡村社会关系和结构的同时，不断定型的社会关系和结构会对数字经济具有反作用，这个反作用的启示就是我们必须顺应相应的客观规律来推动新一轮的数字经济发展。第三，由企业参与或组织的农民数字素养和技能提升这一模式，还会带动一些社会组织加入进来，因为一些社会组织本身就是依托企业而建立的，这无疑会给农民数字素养和技能提升这项事业注入新的活力和元素。

[典型案例]

巨鹿县首批电商人才的“带动效应”

来自巨鹿县的小马原本从事室内设计，从2009年开始接触淘宝、咸鱼等平台，2013年从石家庄返乡，2015年开始做农产品销售，主要是杂粮礼盒。2020年阿里项目入驻巨鹿县之后他和政府开始合作，接受了直播电商的培训，将巨鹿县的农产品聚合起来放到线上销售，并且通过直播的方式拉订单，同时与巨鹿县的本土企业合作，目前一个月收入超过一万元。小马作为巨鹿县第一批电商人才，还利用周末等业余时间在县里从事电商培训（主要针对从职业教育中心入驻的创客以及县里的退役军人和脱贫户），将电商技能传递给更多本地人。

（资料来源：清华大学社会科学学院、阿里巴巴乡村振兴基金、阿里研究院联合课题组《欠发达县域数字化就业价值研究报告》，第20页。）

三、提升农民数字素养与技能是发展乡村数字经济的关键

首先，提升农民数字素养与技能，是顺应数字时代要求推进数字乡村建设和乡村振兴战略的必由之路，是实现农业农村现代化和全面建设社会主义现代化国家的战略任务，也是弥合数字鸿沟、促进共同富裕的关键举措。在数字技术重塑乡村社会关系和结构的背后，数字技术不仅增强了人们生活的便捷性，而且带来了人们生活娱乐、自我感知和自我表达的数字化，更为重要的是数据本身逐渐成为一种生产要素，这意味着人们对数字技术的需求将会日益旺盛。换言之，提升农民数字素养与技能可谓正当其时。因此，各地要把提升农民数字素养与技能作为建设网络强国、数字中国的一项基础性、战略性、先导性工作，切实加强顶层设计、统筹协调和系统推进，不仅要借势来推动农村经济高质量发展、社会高效能治理，还要将其作为提升广大农民群众获得感和幸福感的重要举措。

其次，数字技术具有跨越地理空间的优势，这不仅有助于化解农

村人口“空心化”等问题，而且还可能会吸引农民这一主体之外的社会力量参与数字乡村建设和乡村振兴战略，因此其在强化乡村人才支撑的同时，还能在促进家庭成员团结、增进家庭凝聚力、增强个体价值感和主观幸福感等方面具有积极的作用。究其原因，这背后其实隐藏着这样一个逻辑：如果农民能够在“离土不离乡”的情况下实现就业并获得经济收入，他们更愿意选择留在家乡而不会外出务工。换言之，农民外出务工在很大程度上是一种不得已的选择，而数字时代的到来在一定程度上有助于缓解这一问题，理由之一就是乡村数字经济的发展能够将一部分外流的青壮年劳动力“引回来”。

最后，数字时代的到来为欠发达县域实现突破性发展提供了新的可能或“窗口”期，因此欠发达县域在未来应当进一步借助互联网、大数据等科技力量推进产业数字化和人才数字化的帮扶，在不断激活县域内生发展动力的同时，还需要在促进产业发展、改善就业环境、完善社会保障和做好公共服务等方面下足功夫、做够文章，因为只有这样才能在人才振兴上实现“引回来”“留得住”“促发展”及其良性循环。一言以蔽之，人才是乡村振兴的关键，只有解决好这一关键问题才有可能在数字乡村建设上取得新的突破、新的发展。除此之外，阿里巴巴在巨鹿县的实践表明还要注重创新多种合作模式，实现政府、企业和社会组织等多个行动主体的共同合作与共同受益。

[延伸阅读]

“数字鸿沟”及其影响

“数字鸿沟”被人们认为是数字时代最值得关注的现象之一。所谓“数字鸿沟”，从广义上来讲，是指给定社会中不同社会群体对互联网在可及和使用上的差异。从过程来看，DiMaggio 等人提出数字鸿沟的发展经历了两个阶段，即接入机会差异导致的数字鸿沟和因使用互联网的差异而产生的数字不平等。按照邱泽奇等（2016）人的研究来理解，随着互联网基础设施的不断发展，互联网接入机会差异带来的数字鸿沟即“接入鸿沟”在不断缩小，尽管这带来的是联通性的增强和数字平台的发展，即几乎人人都可以使用互联网了，但这并不意味着所有人群都能够利用互联网获得数字红利。也就是说，数字鸿沟正在带来一种新的不平等，这或许意味着数字鸿沟或数字素养逐渐成为影响社会分层的指标。事实上，人们不仅意识到数字技术逐渐成为一种生产要素，而且是影响社会分化的重要变量。

（资料来源：邱泽奇等《从数字鸿沟到红利差异——互联网资本的视角》。）

第三节　积极打造乡村数字经济新业态新模式

如果说乡村数字基础设施、提升农民数字素养与技能分别是发展乡村数字经济的基本保障和关键，那么乡村数字经济新业态新模式则是基本载体。

一、有关新业态新模式的政策要求

党的十九大报告在总结过去五年经济建设取得的重大成就时，指出了数字经济等新兴产业蓬勃发展这一重要变化。在此之后，《中共中央、国务院关于实施乡村振兴战略的意见》《数字乡村发展战略纲要》

《数字农业农村发展规划（2019—2025 年）》《数字乡村发展行动计划（2022—2025 年）》均不同程度地就打造乡村数字经济新业态新模式提出了相应的政策要求或指导意见。

《中共中央、国务院关于实施乡村振兴战略的意见》在“提升农业发展质量，培育乡村发展新动能”这一部分，提出要“大力发展数字农业，实施智慧农业林业水利工程，推进物联网试验示范和遥感技术应用”。此外，在“提高农村民生保障水平，塑造美丽乡村新风貌”这一部分，就“推动农村基础设施提档升级”提出“实施数字乡村战略，做好整体规划设计，加快农村地区宽带网络和第四代移动通信网络覆盖步伐，开发适应‘三农’特点的信息技术、产品、应用和服务，推动远程医疗、远程教育等应用普及，弥合城乡数字鸿沟”。

《数字乡村发展战略纲要》提出的十项重点任务，第二个就是发展农村数字经济，主要从夯实数字农业基础、推进农业数字化转型、创新农村流通服务体系和积极发展乡村新业态四个方面进行了阐述。该文件不仅就创新农村流通服务体系提出了相关要求，而且提出要从发展创意农业、认养农业、观光农业、都市农业等方面来发展乡村新业态、新产业。

《数字农业农村发展规划（2019—2025 年）》专门就新业态多元化提出了如下规划：鼓励发展众筹农业、定制农业等基于互联网的新业态，创新发展共享农业、云农场等网络经营模式。深化电子商务进农村综合示范，实施“互联网 +”农产品出村进城工程，推动人工智能、大数据赋能农村实体店，全面打通农产品线上线下营销通道。鼓励发展智慧休闲农业平台，完善休闲农业数字地图，引导乡村旅游示范县、美丽休闲乡村（渔村、农庄）等开展在线经营，推广大众参与式评价、数字创意漫游、沉浸式体验等经营新模式。推动跨行业、跨领域数据融合和服务拓展，深度开发和利用农业生产、市场交易、农业投入品等数据资源，推广基于大数据的授信、保险和供应链金融等业务模式，创新供求分析、技术推广、产品营销等服务方式。

《数字乡村发展行动计划（2022—2025 年）》提出的八大行动计划之三就是新业态新模式发展行动，主要提出从以下三个方面着力推动：一是深化农产品电商发展。深入实施“互联网 +”农产品出村进城工程。支持农业龙头企业、农民专业合作社以及种养殖大户、家庭农场等新型农业经营主体通过网络销售区域特色农产品。扩大农村电商覆盖面。持续实施“数商兴农”，积极打造农产品网络品牌，支持地方开展特色农产品认证和市场推广，以品牌化带动特色产业发展。加快农村寄递物流体系建设，分类推进“快递进村”工程。建立完善农村物流共同配送服务规范和运营机制，发展县乡村物流共同配送，实现统一仓储、分拣、运输、揽件。持续发展“巾帼电商”，培育“巾帼电商”品牌，开展面向农村妇女的电商培训。引导电商平台规范有序开拓电商分销渠道，用好社交电商、直播电商等新模式。二是促进农村消费升级。畅通“工业品下乡”通道，促进农村居民生活用品、农资农具、生产经营服务的线上购买。丰富农村信息消费内容，发展乡村数字文化消费新场景。合理引导农村居民在网络娱乐、网络视听内容等领域的消费。加强农村信息消费市场监管，严肃查处制假售假、违法生产经营等行为，切实保护农村居民的消费权益。瞄准农村信息消费重点领域和产品，开展消费品质量安全“进社区、进校园、进乡镇”消费者教育活动，提高农村居民消费品质量安全意识。三是加快培育农村新业态。推进乡村旅游智慧化发展，打造一批设施完备、功能多样、智慧便捷的休闲观光园区、乡村民宿、森林人家和康养基地，线上推荐一批乡村旅游精品景点路线。推进创意农业、认养农业、健康养生等基于互联网的新业态发展，探索共享农场、云农场等网络经营新模式。通过网络传播农村各类非物质文化遗产资源，促进乡村特色文化产业发展。引导在线旅游、电子商务、位置信息服务、社交媒体、智慧金融等平台企业将产品和服务下沉到乡村，健康有序发展农村平台经济。

二、新业态新模式的探索与实践

纵观全国各地在数字时代打造新业态新模式的实践来看，几乎无一例外地都采用了“打组合拳”的方式，即在完善发展数字基础设施的同时，还在强化数字人才支撑、培育主导产品和加强监管等方面同时发力。下面主要以山东寿光市和广西富川县为例进行说明。

（一）山东寿光市“数字 + 蔬菜产业”

山东省寿光市之所以能够在农业农村现代化取得新成就，并为持续擦亮“全国农业看山东、山东农业看潍坊”金字招牌做出了积极的贡献，其原因就在于当地政府采取了多措并举、整体发力的“一揽子”行动计划。

一是利用数字技术推动蔬菜产业不断升级。从主要做法来看，寿光市在与中国农业大学、北京农林科学院等 40 多家科研院所开展深度合作的同时，还成功引入华为农业、海尔卡奥斯等数字龙头企业与当地政府、社会各界以及与本地企业共同推动蔬菜产业升级发展。再从主要成效来看，寿光市在 2021 年建成投用了中国蔬菜小镇、现代农业高新技术试验示范基地等 18 个、占地 2.3 万亩的智能化园区。该园区不仅全部覆盖大型水肥一体机、智能温控、自动补光等新技术，而且在近年有 5 万个大棚应用了物联网装备，其中 1.6 万个大棚应用了现代数字化技术和智能化装备。随着智能化园区的建成和投入使用，寿光市蔬菜产业在整体上实现了不断升级。

二是利用数字技术畅通农业新循环。寿光市在加强与科研院所和数字龙头企业合作、不断夯实蔬菜产业基础设施的同时，还积极打造并完善农产品数字营销网络体系。比如，建成并投用全国规模最大的农村淘宝县级运营服务中心，落户了阿里巴巴全国首个“数字农业产业带”，成功上线运营了淘宝“特色中国”寿光馆。借助这些数字化营销平台，不仅实现了5000多种蔬菜、种苗以及200多种农特产实现网上销售，而且成功申报了“2020年全国电子商务进农村综合示范县”，还在2021年举办了线上线下相结合的菜博会和种博会，其中菜博会总访问量超过7亿人次。除此之外，各类数字化营销平台的投用还在推动共同富裕的道路上取得明显的成效。比如，寿光鲜馥农业通过天猫、京东、拼多多等电商平台，采用网络直播运营方式，辐射带动本地3000多农户，仅2020年线上销售额就突破4.6亿元。

三是利用数字技术保障蔬菜安全。在国家全面推广应用农产品质量安全追溯管理信息平台的背景下，寿光市开发建立了农业智慧监管平台和农产品生鲜溯源平台，通过此平台将每一个蔬菜大棚、每一个批发市场、每一家农资门店都纳入监管，还可以对农资交易信息全部进行自动采集，构建起覆盖产前、产中、产后的全产业链监管服务体系。特别是构建了蔬菜二维码信息追溯体系，寿光本地蔬菜基本上实现了二维码交易全覆盖。消费者通过手机扫描相应的二维码，立即就能查到是谁产的、用的什么肥料以及其他相关信息，这让消费者买得放心、吃得安心，也加强了蔬菜生产者及其相关人员和单位的责任心。

四是利用数字技术不断推进蔬菜技术集成创新、蔬菜种业研发和数字标准制定。首先，依靠“寿光蔬菜产业互联网平台”，研制推广了立体栽培、无土栽培、椰糠栽培等30多种新模式和大棚滴灌、臭氧抑菌、熊蜂授粉等300多项国内外领先的新技术。其次，寿光自主研发了140个蔬菜品种，市场国产蔬菜种子占有率由十年前的54%提升到现在的70%以上，目前是全国最大的种苗繁育基地。最后，寿光市还启动了118项国家、行业、地方标准研制工作，成功发布6项粤港澳大湾区菜篮子生产基地团体标准，番茄、黄瓜 2 项农业行业标准获农业农村部发布，是国内首个从种苗到餐桌的蔬菜全产业链行业标准。

（寿光市田柳镇现代农业创新创业园区大棚内景。资料来源：《山东寿光建“果蔬直采”基地 数字化助力菜农增收》，环球网。）

（二）广西富川县“村播 +”模式

前面已经介绍了广西富川县在电商人才培养上的一些经验以及主要成效等。事实上，富川县除了通过建立旅播基地开展电商人才培养之外，还在推动农村产业新业态上开展了以下两个方面的工作：

一是依托“村播 +”模式，挖掘传统文化资源，带动群众增收。富川县在挖掘潇贺古道文化的基础上，借助于打造“村播 +”为主要形式的新业态，将单一的农产品销售转化为“风景、文化、民俗”销售组合拳，探索出了“互联网 + 古村 + 美食 + 旅游”的农业新业态模式。岔山村是一个位于桂湘边境、距今已有 600 多年历史的古村落，是潇贺古道“入桂第一村”。富川县在整合岔山村潇贺古道文化、古村落、生态资源和岔山本地瑶族特色美食、特色民宿的基础上，主打新型休闲乡村旅游，依托“村播 +”模式，打响了“潇贺古道入桂第一村”

网红乡村旅游品牌。目前，岔山村常态化开展“村播+”带货的本村“新农人”店铺已发展到40多家，年接待游客80万人次，各店铺年纯利润最少有8万元，最高超过100万元。

二是依托“村播+”模式，培育主导产品、网红单品和创意新品。富川县在持续打造“富川脐橙”这一拳头产品的同时，不仅不断加强“富川脐橙”这一水果品牌形象和价值的培育和提升，而且在2021年举办了“富川脐橙”电商销售比赛以及十强争霸决赛等活动，以此来推动普通民众对农业数字经济的积极参与。除此之外，富川县还对系列农产品在包装和文创等方面进行了重塑与创新，培育出“富川冰淇梨”“富川香芋南瓜”“富川冷泉香芋”四季生鲜产品，形成“春芋夏梨秋薯冬橙”全年无淡季的“村播”带货产品矩阵。

（富川县“新农人”在田间地头直播带货。资料来源：《广西壮族自治区贺州市富川瑶族自治县：让农产品“直播带货”成为农民新时尚》，中国网信网。）

三、新业态新模式需要打“组合拳”

无论从既有的相关政策来看，还是从全国各地的实践经验来看，发展乡村新业态新模式都是一个系统性工程，这就需要各地和各级政府在具体实践中不能顾此失彼，而要具有全局性眼光和整体性思维，通俗地讲就是要打“组合拳”。

首先，从政策层面来看，首次明确提出发展乡村新业态的政策文件是 2019 年 5 月 16 日由中共中央办公厅和国务院办公厅联合印发的《数字乡村发展战略纲要》，该文件提出要从夯实数字农业基础、推进农业数字化转型、创新农村流通服务体系和积极发展乡村新业态这四个方面来发展农村数字经济。不难理解，上述四个方面可以说既是一种层级关系，也互为整体，即后者的实现必须依赖于前面几个方面的工作，这意味着积极发展乡村新业态新模式本身就是一项系统性工程。《数字乡村发展行动计划（2022—2025 年）》提出了从深化农产品电商发展、促进农村消费升级和加快培育农村新业态这三个方面，着力推进新业态新模式发展这一行动。相关内容不仅为发展乡村新业态新模式提供了更明确的方向和更全面的内容，而且其与《数字乡村发展战略纲要》提出的相关要求可谓一脉相承、有机联系。

其次，从实践层面来看，各地基本上都是立足于本地实际并以上述政策或要求为指导发展乡村新业态新模式。比如，山东寿光市本来在蔬菜产业上就具有一定的基础，在相关政策的促动和支持下借助数字技术不仅实现了蔬菜产业的不断升级、畅通了蔬菜产业的循环体系、保障了全链条蔬菜安全，而且在蔬菜技术集成创新、蔬菜种业研发和推进数字标准制定等方面取得了骄人的成绩。再如，广西富川县虽然风景优美、文化底蕴深厚、资源优势明显，但受制于地理位置偏僻和信息闭塞等瓶颈的制约，农业经济一直没有得到很好的发展。随着数字时代的来临，富川县委、县政府审时度势牢牢把握住这一历史性机遇，通过开展电商人才培养、依托“村播+”模式实现增收和培育主导产品等发展乡村新业态新模式，特别是将“风景、文化、民俗”上的固有优势转化为“互联网+古村+美食+旅游”的发展模式，这既是相关国家政策指引的结果，也是富川县委、县政府带领人民群众共同推动乡村振兴和实现共同富裕的体现，更是在发展乡村新业态新模式中打出“组合拳”的生动实践。

[典型案例]

阿里巴巴助力欠发达县域乡村数字经济发展

巨鹿县旺泉食品公司设计金银花水的包装是由阿里巴巴“寻找远方的美好”公益设计项目组基于巨鹿的文化、历史、产业等元素进行设计，提升外包装的吸引力。张北县的特色农产品藜麦也由阿里巴巴提供设计支持。

张北县的主要农产品之一是土豆，但是这一农产品的加工程度较低、价值低，急需拓宽销售渠道，改变传统的销售模式。阿里数字化就业项目为当地对接电商培训课程，共计培训了七八十人，孵化出三十家电商，都在淘宝上有销售；对于张北部分暂未达到淘宝销售资质的产品，电商人才设计了“张北好味道”这一小程序并持续运营，将张北县的特色农产品土豆、莜麦、藜麦、蒲公英等多样化的深加工产品集中到小程序上销售。

（资料来源：清华大学社会科学学院、阿里巴巴乡村振兴基金、阿里研究院联合课题组《欠发达县域数字化就业价值研究报告》，第16页。）

参考文献

1.《习近平谈治国理政》（第二卷），外文出版社 2017 年版。

2.《习近平谈治国理政》（第三卷），外文出版社 2020 年版。

3.《习近平谈治国理政》（第四卷），外文出版社 2022 年版。

4. 中共中央宣传部：《习近平总书记系列重要讲话读本》，人民出版社 2014 年版。

5.《十九大以来重要文献选编》（中），中央文献出版社 2021 年版。

6. 中共中央党史和文献研究院：《习近平关于“三农”工作论述摘编》，中央文献出版社 2019 年版。

7. 郭明：《互联网下乡：国家政权对乡土社会的“数字整合”》，载《电子政务》，2020 年第 12 期。

8. 郭明：《虚拟型熟人社会：一个新乡村社会形态》，载《探索与争鸣》，2022 年第 2 期。

9. 沈费伟、诸靖文：《乡村“技术治理”的运行逻辑与绩效提升研究》，载《电子政务》，2020 年第 5 期。

10. 沈费伟、陈晓玲：《技术如何重构乡村——乡村技术治理的实现路径考察》，载《学术界》，2021 年第 2 期。

11. 韩瑞波 :《技术治理驱动的数字乡村建设及其有效性分析》，载《内蒙古社会科学》，2021 年第 3 期。

12. 邱泽奇等 :《从数字鸿沟到红利差异——互联网资本的视角》，载《中国社会科学》，2016 年第 10 期。

13. 邱泽奇 :《大数据给社会学研究带来了什么挑战？》，载《实证社会科学》，2018 年第 2 期。

14. 邱泽奇、乔天宇 :《电商技术变革与农户共同发展》，载《中国社会科学》，2021 年第 10 期。

15. 刘少杰、罗胤斌 :《推动数字乡村建设行动的有效路径》，载《福建论坛（人文社会科学版）》，2022 年第 2 期。

16. 刘少杰、周骥腾 :《数字乡村建设中“乡村不动”问题的成因与化解》，载《学习与探索》，2022 年第 1 期。

17. 王春光 :《中国乡村治理结构的未来发展方向》，载《人民论坛 · 学术前沿》，2015 年第 3 期。

18. 殷浩栋、霍鹏、汪三贵 :《农业农村数字化转型 : 现实表征、影响机理与推进策略》，载《改革》，2020 年第 12 期。

19. 韩万渠 :《政民互动平台推动公众有效参与的运行机制研究——基于平台赋权和议题匹配的比较案例分析》，载《探索》，2020 年第 2 期。

20. 彭亚平 :《治理和技术如何结合？——技术治理的思想根源与研究进路》，载《社会主义研究》，2019 年第 4 期。

21. 贺雪峰 :《改革开放以来国家与农民关系的变迁》，载《南京农业大学学报（社会科学版）》，2018 年第 6 期。

22. 王向阳、吕德文 :《“人情式微”: 近年来中国农村社会关系变迁研究——基于劳动力市场化视角的过程 – 机制分析》，载《学习与实践》，2022 年第 4 期。

23. 吴重庆 :《从熟人社会到“无主体熟人社会”》，载《党政干部参考》，2011 年第 2 期。

24. 李竹筠 :《“半耕半网”经济形态与传统价值伦理复兴》，载《云南社会科学》，2022 年第 3 期。

25. 林晓珊 :《数字化转型与第二次消费革命——技术嵌入性作为分析范式》，载《新视野》2022 年第 2 期。

26. 周飞舟 :《从脱贫攻坚到乡村振兴 : 迈向“家国一体”的国家与农民关系》，载《社会学研究》，2021 年第 6 期。

27. 周兆安 :《让权与赋能 : 农村社会组织孕育过程与机制——基于粤西 Y 市乡贤理事会建设的案例研究》，载《吉首大学学报（社会科学版）》，2021 年第 6 期。

后　记

本书是集体劳动的成果。湘潭大学盛明科教授在选题、写作思路等方面提供了指导和帮助，在此表示谢意，但文责自负！在写作过程中，得到了我指导的硕士研究生杨政政、杨洋以及本科生李佳欣三名同学的帮助，她们在案例搜集、文字校对和图表制作等方面贡献了不少力量。初稿形成后，杨政政和杨洋分别对第二、三、五、六章和第一、四章进行了校对，两位同学作为书稿的第一位"读者"不仅工作认真负责，而且提出了不少修改意见。杨政政同学先后帮助我整理或制作了书中大多数的图表。杨政政和李佳欣还参与了湖南省湘潭县柳桥村的社会调查，且有不少贡献。在此向上述三名同学表示感谢！本书参考或引用了相关著作、学术论文、研究报告和相关报道等，我均一一注明了相应的来源，在此向作者和相关单位致以诚挚的谢意！感谢我的妻子周艳女士，正是她不辞辛劳地照顾两个孩子和家庭，使我有充足的时间和精力从事写作。所有书稿前后历经了多次修改和打磨，但即便如此，不足之处在所难免，恳请读者批评指正。

感谢丛书编委会的悉心指导和大力支持！本书亦引用了我们在广

东省云浮市三个村庄、湖南省湘潭县中路铺镇柳桥村以及甘肃省白银市靖远县的调研资料，在此向参与调查的所有访员和被访者以及支持我们调查工作的各级领导干部表示感谢！

作　者

2022 年 7 月

图书在版编目（CIP）数据

数字重塑乡村社会关系和结构 / 周兆安著. -- 湘潭：湘潭大学出版社，2022.9
ISBN 978-7-5687-0878-4

Ⅰ. ①数… Ⅱ. ①周… Ⅲ. ①乡村—社会关系—研究—中国②乡村—社会结构—研究—中国 Ⅳ. ①C912.82

中国版本图书馆 CIP 数据核字（2022）第 170777 号

数字重塑乡村社会关系和结构

SHUZI CHONGSU XIANGCUN SHEHUI GUANXI HE JIEGOU

周兆安 著

责任编辑：王正杰
封面设计：李 平
出版发行：湘潭大学出版社
社 址：湖南省湘潭大学工程训练大楼
电 话：0731-58298960 0731-58298966（传真）
邮 编：411105
网 址：http://press.xtu.edu.cn/
印 刷：长沙鸿发印务实业有限公司
经 销：湖南省新华书店
开 本：710 mm×1000 mm 1/16
印 张：10.75
字 数：170 千字
版 次：2022 年 9 月第 1 版
印 次：2022 年 9 月第 1 次印刷
书 号：ISBN 978-7-5687-0878-4
定 价：88.00 元